Estados Unidos de América, ¿Porque Te Has Olvidado De Quién Te Empoderó?

Edna L Isaac

Estados Unidos de América ¿Por Qué Te Has Olvidado De Quién Te Empoderó?

ISBN 978-1-938432-72-9 (paperback)

ISBN 978-1-938432-73-6 (ebook)

Descargo de responsabilidad

JDN Publications/EDUCATE Publishing es una plataforma de autopublicación que permite a los autores publicar sus obras sin necesidad de pasar por un proceso de selección editorial. Los autores son responsables exclusivos del contenido de sus obras. JDN/EDUCATE no necesariamente comparte ni respalda las opiniones expresadas en este libro. No nos hacemos responsables de errores, omisiones o consecuencias derivadas de su lectura. Los lectores deben ser conscientes de que el contenido de este libro es responsabilidad exclusiva del autor.

Este libro fue asistido con la ayuda de IA

Impreso en los Estados Unidos de América

Índice

El Carácter de una Nación

Rev. James A. Garfield

Las *personas son responsables del carácter de su Congreso. Si ese cuerpo es ignorante, imprudente y corrupto, es porque la gente tolera la ignorancia, la imprudencia y la corrupción. Si es inteligente, valiente y pura, es porque la gente demanda estas altas cualidades... Si el próximo centenario no nos encuentra como una gran nación... será porque quienes representan la empresa, la cultura y la moralidad de la nación no ayudan a controlar las fuerzas políticas.*

Rev. James A. Garfield (1831-1881)

Presidente de los Estados Unidos

Ministro del Evangelio

AGRADECIMIENTOS

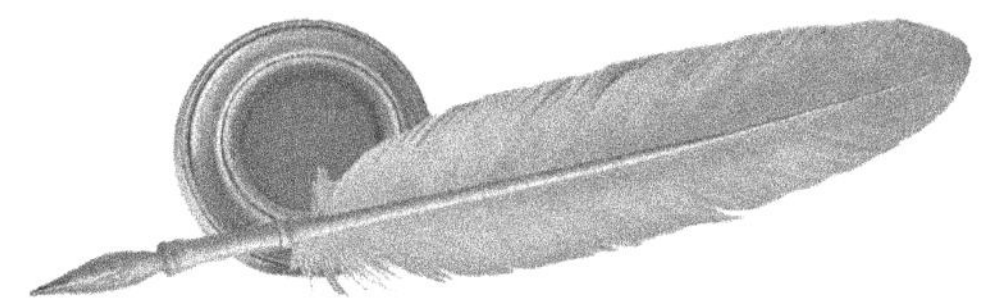

A Dios, Primeramente

Quiero comenzar dando gracias a Dios por Su amor y Su misericordia, porque me ha concedido el privilegio de escribir este libro. Lo inicié hace muchos años, pero no fue hasta ahora que pude completarlo. Hoy comprendo que Dios mismo lo reservó para un tiempo como este.

A Tom Hughes

Alliance for Religious Freedom, LLC

También deseo expresar mi profundo agradecimiento a **Tom Hughes**, presidente de **Alliance for Religious Freedom, LLC**. Sin conocerme, y al solicitar material en español sobre nuestros padres fundadores, él me envió generosamente un paquete lleno de información valiosa que fue de gran ayuda durante la preparación de este libro. Le estoy inmensamente agradecida por su colaboración y dedicación. Recomiendo visitar su página a quienes deseen educarse en estos temas tan importantes.

En su sitio web, él expresa lo siguiente:

"Cuando nosotros, como nación y sus líderes, sabemos, buscamos y oramos por la justicia que Dios desea, según el modelo de los Padres Fundadores de América (es decir, nuestra herencia piadosa), entonces Dios responderá a nuestra obediencia y fe en Él con bendición y regocijo, para nuestra nación, como lo prometió. El Salmo 33:12 dice: 'Bienaventurada la nación cuyo Dios es el Señor', y Proverbios 14:34 dice: 'La justicia exalta a una nación...'"

Bendiciones, Tom Hughes
patriotpreachers@gmail.com

DEDICATORIA

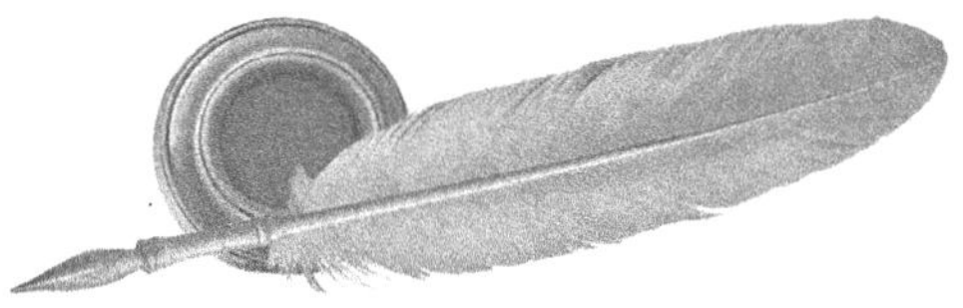

Dedico este libro con todo mi corazón:

A **mi familia**, que ha sido mi refugio, mi fuerza y mi inspiración. Gracias por sostenerme en oración, por creer en mí, por caminar conmigo en cada temporada, y por recordarme siempre que el llamado de Dios vale cada sacrificio.

A **la Iglesia**, mi familia espiritual, mis hermanos y hermanas en Cristo, quienes han sido parte de mi crecimiento, mi formación y mi pasión por el Reino. Gracias por ser luz en medio de la oscuridad y por mantener viva la llama del evangelio.

A **los líderes espirituales** que Dios ha puesto en mi camino, quienes han sembrado en mí palabra, visión, corrección y amor. Gracias por enseñarme a amar la verdad, a defender la fe, y a caminar con integridad.

A **los intercesores, pastores, evangelistas y siervos anónimos** que sostienen esta nación de rodillas. Ustedes son los héroes invisibles del Reino. Gracias por no rendirse, por no callar, por no retroceder.

Y finalmente, al más importante, a **Dios**, mi Padre, mi Rey, mi todo. A Él sea la gloria, la honra y el poder. Él es el autor principal de este libro, el dueño de mi vida, y la razón de cada palabra escrita.

Que este libro sea una semilla de avivamiento, una trompeta de alerta y un recordatorio eterno de que **Dios aún habla, Dios aún restaura, y Dios aún tiene un plan para esta nación.**

Introdución

Mi Corazón Llora

Mi corazón llora y se rompe en pedazos al ver la destrucción de mi nación. Vandalismo en las calles. Corrupción en la política. Activistas rebeldes sembrando terror e intimidación. Inocentes, perdiendo la vida en un campo de batalla cultural: una guerra sin cuarteles, una lucha por la conciencia y el sentido común. Observamos cómo la sed de venganza y el abuso contra los indefensos avanzan cruelmente, privando incluso de su libertad a quienes se oponen. Vemos daños a la propiedad privada como si fuera tierra de nadie, y una distorsión de la ley que protege a los tiranos y oprime a los vulnerables.

Este libro lo comencé hace muchos años, pero por alguna razón no pude terminarlo hasta ahora. No entendía por qué Dios retenía su publicación, pero al mirar lo que sucede en nuestra nación, comprendo que Él mismo me lo impedía porque este mensaje estaba reservado para este tiempo. Hoy lo entiendo, y le doy gracias a Dios por ello.

Quiero comenzar contándote que, en un día de profunda intimidad con Dios, mientras disfrutábamos de nuestra comunión a solas, Él me llevó a leer una porción de las Escrituras que me hizo romper en llanto. Me mostró que nosotros, aquí en los Estados Unidos de América, algún día —si aún Cristo no ha regresado— expresaremos esas mismas palabras de dolor y angustia que leía.

Nunca he sido una persona negativa ni pesimista; todo lo contrario, siempre trato de sacar lo mejor aun de lo peor. Es importante que entiendas que cuando escribí estas palabras, vivíamos tiempos de paz, no el caos que enfrentamos hoy. Más adelante te presentaré las palabras de un pueblo que experimentó la ira de un Dios vivo y todopoderoso, quien por años les advirtió incansablemente, pero ellos no escucharon. Al leerlas, me recuerdan la soberbia que domina gran parte de nuestra nación.

En aquellos días, mientras comenzaba a escribir este libro, me preguntaba:

¿Será que algún día nosotros hablaremos de la misma manera cuando venga la desolación y el juicio de Dios sobre nuestro suelo americano?

En ese entonces decía que aún estábamos a tiempo; que un corazón contrito y humillado no lo desprecia Jehová. Hoy, con todo lo que sucede en nuestra nación, me pregunto: **¿Será que, si aún nos humillamos, Dios podrá perdonar a los Estados Unidos?**

Veamos qué ocurrió con el pueblo de Dios después de que Él agotó todas las opciones y les dio tantas oportunidades para arrepentirse, y aun así no hicieron caso. La Biblia nos advierte claramente sobre la condición de las naciones en los últimos días. Aunque veamos lo que veamos, hagamos nuestra parte para que Dios tenga misericordia.

Cuando el juicio de Dios finalmente vino sobre su pueblo, después de tantos años de advertencia, Jeremías reconoció en Lamentaciones 3:22-23:

> **"Por la misericordia de Jehová no hemos sido consumidos, porque nunca decayeron sus misericordias. Nuevas son cada mañana; grande es tu fidelidad."**

Jeremías se sintió confrontado en su interior respecto a la condición de su pueblo y admitió que, a pesar de todo lo que habían cometido contra Dios y sus principios, Su misericordia los había preservado —al menos a un remanente. Este libro te llevará a confrontarte contigo mismo, con la realidad de hoy y con la que nos tocará vivir.

Creo firmemente que la humillación ante Dios y el arrepentimiento son la única esperanza para América. De lo contrario, seremos entregados en manos de nuestros enemigos, y no podremos culpar a Dios por dejarnos a su merced, pues por mucho tiempo nos ha estado hablando y no hemos escuchado.

En Oseas 11:2-4 vemos cómo Dios se conmovía por su pueblo, que, aun siendo obstinado, nunca dejó de amar. Siempre han sido —y serán— la niña de Sus ojos.

> Como los llamaban, así ellos se iban de su presencia; á los Baales sacrificaban, y á las esculturas ofrecían sahumerios. Yo con todo eso guiaba en pies al mismo Ephraim, tomándolos de sus brazos; y no conocieron que yo los cuidaba. Con cuerdas humanas los traje, con cuerdas de amor: y fui para ellos como los que alzan el yugo de sobre sus mejillas, y llegué hacia él la comida.

Esta próxima, fue la palabra que Dios me dio y que me hizo llorar ante Su presencia, al revelarme que lo mismo experimentaremos en esta nación si no confesamos, nos arrepentimos y nos apartamos de nuestros pecados.

Oseas 13 – Reina-Valera 1909

> Cuando Ephraim hablaba, hubo temor; fue ensalzado en Israel; mas pecó en Baal, y murió.

Y ahora añadieron á su pecado, y de su plata se han hecho según su entendimiento, estatuas de fundición, ídolos, toda obra de artífices; acerca de los cuales dicen á los hombres que sacrifican, que besen los becerros.

Por tanto serán como la niebla de la mañana, y como el rocío de la madrugada que se pasa; como el tamo que la tempestad arroja de la era, y como el humo que de la chimenea sale.

Mas yo soy Jehová tu Dios desde la tierra de Egipto: no conocerás pues Dios fuera de mí, ni otro Salvador sino á mí.

Yo te conocí en el desierto, en tierra seca.

En sus pastos se hartaron, hartáronse, y ensoberbecióse su corazón: por esta causa se olvidaron de mí.

Por tanto, yo seré para ellos como león; como un leopardo en el camino los espiaré.

Como oso que ha perdido los hijos los encontraré, y romperé las cerraduras de su corazón; y allí los devoraré como león: las fieras del campo los despedazarán.

Te perdiste, oh Israel; mas en mí está tu ayuda.

¿Dónde está tu rey, para que te guarde con todas tus ciudades? ¿Y tus jueces, de los cuales dijiste: Dame rey y príncipes?

Díte rey en mi furor, y quitélo en mi ira.

Atada está la maldad de Ephraim: su pecado está guardado.

Dolores de mujer de parto le vendrán: es hijo insensato, que no se detiene á tiempo en el nacimiento de los hijos.

De la mano del sepulcro los redimiré, los libraré de la muerte. Oh muerte, yo seré tu muerte; y seré tu destrucción, oh sepulcro: la compasión será escondida de mis ojos.

Aunque él fructifique entre sus hermanos, vendrá el solano, viento de Jehová, subiendo del desierto, y se secará su fuente, y se agotará su manantial: él saqueará el tesoro de todas las preciosas alhajas.

Samaria será asolada, porque se rebeló contra su Dios: caerán á cuchillo; sus niños serán estrellados, y sus mujeres embarazadas serán abiertas.

Cuando Dios me dio el título hace años, pensé que sería solo un libro más sobre el tema, pero ahora sé que no es así. Aunque no soy pesimista ni de los que ven juicio en todo, creo en un Dios de amor y misericordia, y por eso necesito compartir lo que Él me dio. Por esta razón este libro está en tus manos. Considero que el corazón de Dios está triste por lo que hemos hecho como nación; incluso me atrevo a decir que está enojado. Hemos despreciado Su ley, manchado nuestro testimonio, quebrantado Sus mandamientos, ofendido Su corazón, despreciado Su Palabra y contaminado nuestro espíritu. Al ser pesados en la balanza de Su justicia, hemos sido hallados culpables.

Sin embargo, Dios es un Dios de amor y misericordia, y puede compadecerse de nosotros como lo hizo con Nínive cuando toda la ciudad se arrepintió —aunque luego volvieron a sus malos caminos y cien años después perecieron. No repitamos su error. Mantengámonos humillados ante Su presencia, pues Sus misericordias son nuevas cada mañana. No tenemos que temer, pero sí estar advertidos. Si te aterra pensar en el juicio de Dios sobre las naciones, recuerda que, aunque venga juicio sobre esta nación y sobre el mundo entero, Dios protegerá a Sus hijos. Y si tuviéramos que partir, iríamos a Su presencia. Para nosotros, el vivir es Cristo y el morir es ganancia. Dios tiene promesas para quienes le aman y esperan Su venida.

No es mi intención causar miedo, sino despertar en ti una búsqueda profunda de la presencia de Dios. Que Él se te revele de manera especial. Pero es necesario mencionar que, si aun el pueblo de Israel sufrió las consecuencias de su rebeldía, ¿cuánto más nosotros? Su Palabra es clara: Él no da por inocente al culpable ni por culpable al inocente. Nuestras iniquidades como nación no pasarán desapercibidas.

¿Qué encontraremos en este libro?

En estas páginas conoceremos cómo los Estados Unidos de América llegaron a ser la gran potencia mundial que fueron: temidos, admirados y respetados. Veremos qué marcó la diferencia para que, de una crisis tan grande, surgiera un avivamiento tan hermoso que empoderó a esta nación. Descubriremos cuál fue el punto clave que transformó su destino.

A través de la historia humana vemos que cuando el pueblo se humilla y los justos gobiernan, cosas buenas comienzan a suceder. Cuando los gobernantes convocan al pueblo a orar y buscar el favor de Jehová, Dios oye desde los cielos y concede las peticiones de Sus fieles.

Tristemente, después de ese gran momento para esta nación, también llegó la soberbia. Entonces veremos: **¿Qué sucedió? ¿Dónde estamos hoy? ¿Dónde comenzó el declive?** Repasaremos cómo el plan maligno del enemigo se infiltró en todas las áreas de la sociedad.

No es casualidad la falta de respeto de los hijos hacia los padres, la rebeldía de los jóvenes que se apartan de la fe, ni la decadencia en iglesias y comunidades enteras. Todo es resultado de un plan estratégico del enemigo para sacar a Dios del corazón humano. Solo quienes tienen discernimiento y se someten a Dios con humildad pueden ser guardados del engaño.

También hablaremos de la mentira más grande del siglo: la supuesta "separación de Iglesia y Estado", y veremos qué dijeron realmente nuestros fundadores.

Es vital educarnos y enseñar a otros sus derechos. Veremos cómo hemos llegado hasta esta condición, qué dicen las estadísticas, cuáles han sido las consecuencias y qué nos espera. Pero, sobre todo, veremos **qué dice Dios**. ¿Te has preguntado qué pasará si no hablas y no enseñas a tus hijos —o a la próxima generación— sobre el poder, el amor y el plan de salvación de Dios?

¿Qué ha hecho la Iglesia?

Analizaremos qué hizo la Iglesia para impedir o permitir este deterioro. La Palabra de Dios se cumple, pero necesitamos entender qué sucede cuando la Iglesia se vuelve indiferente, guarda silencio o abraza el pecado en lugar de confrontarlo. Cuando la Iglesia abraza cultos falsos, ideologías destructivas y el orgullo denominacional, entra en una crisis profunda que conduce al suicidio espiritual.

Por eso explicaremos cómo, cuando los muros son derribados y el fundamento destruido, la nación entera está en peligro. Cuando las bases de un edificio se destruyen, el derrumbe es inevitable. Eso ha ocurrido en esta nación. Sus bases sólidas, arraigadas en la infalible Palabra de Dios —la Roca inconmovible de los siglos— han sido derribadas, y ahora solo resta reconstruir. Pero ¿sobre qué fundamento lo haremos? No podemos tapar el pecado ni abrazar filosofías huecas y vanas que continúan infiltrándose incluso en la comunidad cristiana, donde muchos se han vuelto apóstatas de la verdad. No podemos permitir que ideologías destructivas gobiernen las mentes de nuestra sociedad mientras permanecemos con los brazos cruzados.

Capítulo Uno
Urgente, América: ¿Qué nos sucede?

Despertemos a la Realidad

Aunque soy una persona profundamente positiva y llena de fe, permítame, por un instante, quitar el velo de la esperanza para mirar de frente la realidad que se despliega ante nuestros ojos. Lo que vivimos a diario en esta nación no es un simple tropiezo histórico. Y si usted aún cree que los Estados Unidos de América regresarán a aquella "normalidad" que recordamos, debo decirle con pesar que está aferrado a una ilusión. Ningún presidente, ningún líder, ninguna figura humana —por noble que sea su intención— puede revertir lo que ya ha sido decretado desde el cielo. Lo que el hombre siembra, eso mismo cosechará.

Un panorama que no es nuevo

Nada de esto es nuevo. Durante décadas, mientras muchos dormían, fuerzas destructivas fueron moldeando silenciosamente la mente de nuestra sociedad. Avanzaron sin resistencia, arrinconándonos poco a poco, arrebatándonos derechos que alguna vez dimos por garantizados.

Hoy vemos el fruto: odio desbordado, mentiras que se multiplican, corrupción que se respira, un espíritu de engaño que se pasea sin pudor. El "Reseteo". El Estado Profundo. El Nuevo Orden Mundial. Conspiraciones entre gobiernos y élites. Globalización. Intentos de golpe de Estado. Antifa. Movimientos de intimidación, terror y violencia. Apostasía dentro de la Iglesia. Sectas satánicas y doctrinas torcidas.

Usted lo ha escuchado. Lo ha visto. Lo ha sentido. Quizá incluso ha sido parte, consciente o no, de alguno de estos fenómenos. Y aunque muchos prefieran mirar hacia otro lado, estas realidades nos alcanzan a todos.

Una sociedad silenciada y una Iglesia que calla

Lo que más me inquieta no es el caos, sino el silencio. Veo personas intimidadas, incapaces de hablar la verdad por miedo a las repercusiones. Y aún más doloroso: veo una Iglesia que calla. Una Iglesia que observa, pero no denuncia. Una Iglesia que se esconde cuando debería levantarse.

Nunca había visto un ambiente tan abiertamente anticristiano. El aire está cargado de hostilidad, venganza y corrupción. Y aunque estos males siempre han existido, hoy se sienten distintos, más densos, más oscuros. Porque detrás de ellos opera una fuerza demoníaca que presiona sin descanso, mientras el espíritu del anticristo se manifiesta en las altas esferas del poder.

Los días que Pablo anunció

Estamos viviendo lo que el apóstol Pablo describió en 2 Timoteo 3:1-5; "También debes saber esto: que en los postreros días vendrán tiempos peligrosos..." No es sorpresa; es cumplimiento. Y aunque no debemos temer, sí debemos estar alertas. Tú y yo somos atalayas. Somos la voz que advierte. No podemos guardar silencio. La trompeta está por sonar. Cristo viene. El Rey ya viene. Y si antes lo creíamos, ahora lo vemos con claridad: nuestra redención está cerca.

Una generación marcada por señales

Jesús habló de señales. Habló de dolores de parto. Habló de una generación que vería todas estas cosas y sabría que el fin está cerca. Esa generación es la nuestra. Ninguna otra ha visto lo que nosotros estamos viendo. Ninguna ha presenciado un cumplimiento profético tan preciso, tan acelerado, tan evidente.

Una experiencia que selló mi espíritu

Hace unos siete años, mientras oraba sola en la iglesia, anhelando una palabra del cielo, sentí como si dos ángeles se acercaran con urgencia. Entre ellos, una presencia divina me envolvió. Y escuché una frase que estremeció mi alma: *"El fin se acerca.”* Lloré con intensidad. El Espíritu Santo ministró mi corazón y me recordó un mensaje que casi ha desaparecido de nuestros púlpitos: *Cristo viene ya.* Recordé a Yiye Ávila y me pregunté: ¿Dónde están los que proclaman este mensaje hoy?

La contaminación espiritual que enferma a la Iglesia

Una de las heridas más profundas de nuestra sociedad nace dentro de la misma Iglesia. Muchos ya no predican la Palabra verdadera. Mientras más "eruditos" se vuelven algunos, más se alejan de la esencia del evangelio. Y el evangelio es sencillo. Puro. Directo. Sin adornos.

Esta confusión ha dejado a muchos sin brújula espiritual. Esta confusión ha provocado que muchos ya no sepan qué creer ni a quién escuchar. Pero Dios aún tiene un remanente. Un pueblo que no negocia la verdad.

Una nación que cae y una Iglesia distraída

La corrupción se ha vuelto paisaje. Personas sin doctrina sólida reconocen lo que está sucediendo y advierten a otros. Mientras tanto, quienes sí conocen la verdad están distraídos, entretenidos, adormecidos bajo un espíritu de estupor. Vendas de ceguera cubren sus ojos. No ven. No disciernen. No hablan.

Muchos se han dejado intimidar tanto que solo se enfocan en causas sociales, olvidando que la raíz del problema es espiritual. Necesitamos volver a hablar claro. Sin miedo. Sin filtros. Sin negociar los principios de Dios.

La lucha por el poder y la mano invisible del cielo

La lucha por el poder que vemos hoy es la más vil que esta nación ha presenciado. Ya no importa el bienestar del pueblo; importa la agenda. Y quien no se somete, es atacado.

Mientras estudiaba en una de las universidades más prestigiosas del país, encontré un manual de la Organización Mundial de la Salud que afirmaba que para el año 2020 Estados Unidos tendría un sistema de salud universal. Un plan escrito años antes. Un diseño global. Una agenda trazada por hombres que juegan a ser Dios.

Pero olvidan algo: en el cielo hay un Dios sentado en Su trono. Él permite, hasta cierto punto. Y cuando el pecado llega a Su presencia, Él juzga.

La corrupción en Washington, en los medios y en las grandes compañías tecnológicas ha destapado una caja de Pandora. Escándalos políticos, religiosos y gubernamentales se han convertido en burla mundial. No es nuevo que intenten tomar el control global; lo nuevo es que ahora lo hacen sin disimulo.

Un liderazgo inesperado y un propósito mayor

Muchos odian al presidente actual, pero no pueden negar que su llegada fue inesperada. No se suponía que ganara. Y sin embargo, ganó. No estoy de acuerdo con todo lo que dice ni con cómo lo dice, pero reconozco que fue valiente. Se enfrentó al Estado Profundo. No se doblegó. Expuso lo que otros ocultaban. Y eso tiene un precio.

¿Entiende ahora por qué lo odian tanto? Porque fue el único que se atrevió a desafiar la maquinaria corrupta de Washington.

Ahora vive su segundo término en medio de una guerra feroz. Pero, nos guste o no, Dios está permitiendo cosas que forman parte de un plan mayor. Él entregará esta nación conforme a lo que ha sembrado.

Un llamado que no puede esperar

América, despierta. Dios ha hablado. Dios ha advertido. Dios ha extendido Su misericordia. Pero una nación que se aleja de su Creador inevitablemente cosecha las consecuencias.

La normalidad que conocíamos ya no existe. El terreno cambió. Las estructuras cambiaron. El espíritu de la época cambió. Pero Dios no cambia.

Este no es un tiempo para temer, sino para despertar. No es un tiempo para esconderse, sino para levantarse. No es un tiempo para callar, sino para proclamar la verdad con valentía.

La Iglesia no fue llamada a ser espectadora, sino luz. No fue llamada a imitar al mundo, sino a transformarlo. Y si alguna vez hubo un momento para recuperar nuestra posición, es ahora.

América necesita una Iglesia despierta. Una Iglesia que ora. Que discierne. Que confronta el pecado con amor, pero sin miedo. Que no negocia la verdad. Que recuerda quién es su Dios.

Porque aunque las tinieblas parezcan avanzar, la última palabra no la tiene el hombre, ni los gobiernos, ni las élites, sino el Dios Todopoderoso.

Dios sigue buscando hombres y mujeres que se pongan en la brecha, que levanten la voz, que no se avergüencen del evangelio y que estén dispuestos a ser instrumentos de Su gloria en esta hora final.

Este capítulo no termina con desesperanza, sino con una certeza: Dios no ha terminado con América. Pero América debe volver a Dios.

Y para entender cómo llegamos hasta aquí —y cómo podemos regresar al fundamento que una vez nos sostuvo— debemos mirar hacia atrás, hacia nuestros padres fundadores, hacia los principios que dieron vida a esta nación, y hacia la mano de Dios que la levantó.

Solo cuando recordamos de dónde venimos, podemos discernir hacia dónde vamos.

Capítulo Dos
Tu Derecho al Voto: Lo que Muchos Ignoran

Quisiera que podamos continuar conversando con realismo y sentido común. Antes de avanzar, deseo aclarar un punto muy significativo y, al mismo tiempo, plantear una pregunta que quizás nunca nos hemos hecho antes de llegar a las conclusiones que repetimos o escuchamos.

¿Alguna vez te has preguntado por qué, si los territorios de los Estados Unidos ya estaban habitados, nunca llegaron a ser lo que fueron hasta que nuestros padres fundadores llegaron?

Responderemos esta pregunta más adelante, pero es importante dejar claro que no negamos la realidad de que antes de la llegada de los padres fundadores ya existían habitantes en estas tierras. Sin embargo, el punto que analizaremos aquí se ha convertido en una gran controversia, porque hoy muchos desean reescribir la historia según sus preferencias políticas, sociales o culturales. Lamentablemente, se está enseñando información basada en ideologías y no en hechos. No negamos la realidad, pero tampoco podemos cambiar la historia. Podemos discutir todo lo que queramos, pero borrar la evidencia jamás será posible. Por eso es nuestra responsabilidad educarnos para conocer la información más relevante, especialmente en temas históricos. Si no nos educamos, seremos fácilmente engañados.

Es triste ver cómo cada día se desmoronan más las columnas sobre las cuales esta nación fue fundada. Definitivamente vivimos tiempos caóticos. La violencia, la destrucción, el engaño y la corrupción continúan aumentando, y junto con ello, la desintegración de la sociedad. Parece que la moral, los valores y el sentido común quedaron en el pasado. Aquellos principios que antes nos formaban como hombres y mujeres responsables, respetuosos y comprometidos, hoy son vistos como obsoletos, dañinos o distorsionados. Son ignorados o manipulados por un pequeño grupo de individuos que desean avanzar su propia agenda sin importar a quién dañen en el proceso.

No podemos ignorar ni dejar de ejercer nuestro derecho al voto. Cada año electoral trae decisiones que afectarán el futuro de nuestros hijos y de nuestra nación. Por lo tanto, además de orar por discernimiento, debemos usar el sentido común para ejercer nuestro voto, tal como nuestros padres fundadores lo comisionaron.

Nunca me había interesado en la política, especialmente porque siempre escuchaba una connotación negativa sobre ella. Tampoco había aprendido nada al respecto porque, honestamente, no me interesaba. Pensaba que la política no tenía nada que ver conmigo. *¡Qué equivocada estaba!*

Lo peor es que muchas personas aún piensan igual. Recuerdo que en mi familia decíamos: "Somos PNP" o "Somos POPULAR", y toda la familia votaba por ese partido sin saber realmente por quién votábamos. Solo ejercíamos el derecho por tradición, sin importar quiénes eran los candidatos. Cuando descubrí por quién había votado durante tantos años, me asombré de mi propia ignorancia. Fue entonces cuando entendí que, sin saberlo, había ido en contra de la voluntad de Dios según las Escrituras.

Pedí perdón a Dios y me propuse educarme antes de votar. Decidí no dejarme llevar por la política sucia, los medios manipulados o las personas que intentan convencernos con ideas que parecen beneficiosas, pero que a la larga destruyen moralmente, económicamente y espiritualmente. Doy gracias a Dios de que salí del analfabetismo político. Hoy tengo una mente independiente que no se deja manipular por ningún partido. Oro para votar por quien Dios ponga en mi corazón, no por tradición ni por presión. Dios me enseñó que a Él sí le importa quién gobierna nuestras ciudades, porque nunca ha sido Su intención que los malvados gobiernen.

¿Qué Pensaban Nuestros Padres Fundadores?

Tres citas históricas de nuestros padres fundadores revelan verdades profundas que hoy parecen olvidadas:

Reverendo Frederick Douglas, ministro del evangelio y líder de derechos civiles:

> *"Tengo una gran idea política... La mejor expresión que he encontrado está en la Biblia: 'La justicia exalta a una nación, pero el pecado es afrenta para los pueblos' (Proverbios 14:34). Esta es mi política: lo negativo y lo positivo, y toda mi política."*

John Jay, presidente del Tribunal Supremo de los Estados Unidos:

> *"La Providencia ha dado a nuestro pueblo la elección de sus gobernantes, y es el deber, el privilegio y el interés de nuestra nación cristiana seleccionar y preferir a los cristianos para gobernar."*

Reverendo Francis Grimke, ministro del evangelio:

> *"Si llega el día en que Estados Unidos se desmorone, será por perder de vista que 'la justicia exalta a una nación, pero el*

pecado es afrenta para los pueblos'. Si no mantiene estos principios fundamentales, Estados Unidos será solo un pacto con la muerte y un acuerdo con el infierno."

Hoy vemos con nuestros propios ojos que lo que ellos advirtieron es exactamente lo que ha sucedido. La historia de nuestros padres fundadores ha sido alterada gravemente. Si no estudiamos la historia original, creeremos los errores y mentiras que se enseñan hoy. Nos han dicho que la política y la religión no se pueden mezclar, que los pastores no pueden hablar de política desde el púlpito, y muchas otras cosas que son inconstitucionales. Pero como no conocemos la ley ni la historia, nos dejamos engañar.

Incluso nos han hecho creer que los ministros no pueden participar en elecciones, cuando en los inicios de esta nación eran precisamente los ministros quienes influían en las decisiones más importantes. Si visitas la Casa del Estado, verás retratos de ministros involucrados desde el principio. La participación de hombres de Dios era común, y gracias a ello esta nación fue bendecida.

Por eso la Constitución de los Estados Unidos ha perdurado tanto tiempo. Pero no creo que dure mucho más si la nación continúa dándole la espalda a Dios. Cuando una nación abandona a Dios, Dios eventualmente, por causa de Su justicia, la entrega a las consecuencias de su propio camino.

De ahí la importancia de escoger con sabiduría. Cuando no

oramos, no investigamos y desalentamos a otros a votar, contribuimos al deterioro que hoy vemos.

La Voz de la Iglesia y el Silencio Impuesto

En una carta titulada *"Iglesia Estatal vs. Iglesia Libre"*, Tom Hughes explica cómo la influencia de pastores y cristianos fue esencial para la existencia de esta república. Los primeros ministros enseñaban que la Biblia abordaba todos los aspectos de la vida, incluido el gobierno civil. Incluso se les pedía predicar sermones antes de las sesiones legislativas para orientar la elaboración de leyes.

Muchos pastores sirvieron en el Congreso. El reverendo Peter Muhlenberg ayudó a redactar la Declaración de Derechos. ¿Podría ser que la Primera Enmienda —"Libre Ejercicio de la Religión"— se incluyera primero para proteger la voz de los pastores?

Sin embargo, en 1954, la Enmienda Johnson silenció los púlpitos al restringir la participación política de las iglesias. Aunque esta ley viola la Primera Enmienda, muchas iglesias se sometieron voluntariamente, convirtiéndose en iglesias controladas por el Estado.

Hoy, el 90% de los pastores reconoce que la Biblia habla sobre los problemas sociales y políticos actuales, pero solo el 10% se atreve a hablar de ellos.

Este silencio ha dejado un vacío moral que otros han llenado con ideologías destructivas.

La Necesidad de Participar

Muchos cristianos han demonizado la política, creyendo que es del diablo. Pero la política es simplemente el vehículo por el cual una persona llega a una posición de gobierno. El problema no es la política; es quién la ocupa.

Dios ha usado gobernantes imperfectos para cumplir Su propósito: José, Moisés, Débora, David, Ester, Daniel. ¿Por qué no habría de usar hoy a hombres y mujeres de Dios en posiciones de autoridad?

Cuando decimos "no voto por nadie", estamos renunciando a la responsabilidad que Dios nos dio. Recordemos a Saúl: no fue la elección de Dios, sino del pueblo. David fue la elección divina.

Si los cristianos no votan, no pueden quejarse de las consecuencias.

Romanos 13:1 nos recuerda que toda autoridad proviene de Dios. Y Dios le dio al pueblo estadounidense la oportunidad de escoger a sus gobernantes. Pero cuando una nación abandona los valores cristianos, deja de escoger conforme al corazón de Dios.

Por eso estamos donde estamos.

Un Llamado Ineludible a la Responsabilidad

América se encuentra en un punto decisivo. No es un momento para la indiferencia ni para la comodidad espiritual.

No es tiempo de esconder la cabeza ni de repetir frases vacías como "todos son iguales" o "mi voto no hace la diferencia". Ese pensamiento es precisamente lo que ha permitido que otros —con agendas contrarias a Dios— tomen posiciones de autoridad mientras la Iglesia observa desde la distancia.

Dios no nos llamó a ser espectadores. Nos llamó a ser luz, sal, influencia, voz, conciencia y testigos de Su verdad en medio de una generación confundida. Y aunque muchos quieran convencernos de que la política es "sucia", la realidad es que la suciedad avanza cuando los hijos de Dios abandonan el terreno que les corresponde.

El enemigo no descansa. Él sí entiende el poder de la influencia, de las leyes, de las decisiones gubernamentales. Él sí sabe que quien controla la cultura, controla la mente de las próximas generaciones. ¿Y nosotros? ¿Seguiremos dormidos mientras otros escriben el futuro de nuestros hijos?

El voto no es un simple acto cívico. Es un acto espiritual. Es un acto de mayordomía. Es un acto de obediencia. Es un acto de responsabilidad ante Dios. Porque cuando escogemos gobernantes, no solo elegimos políticas: elegimos el rumbo moral, espiritual y cultural de una nación.

Nuestros padres fundadores lo entendieron. Los ministros de antaño lo entendieron. Los profetas de la Escritura lo entendieron. Y hoy, Dios nos llama a entenderlo también.

No podemos seguir entregando el gobierno a quienes desprecian la verdad, pisotean la justicia y promueven leyes que destruyen la vida, la familia y la libertad. No podemos seguir justificando la apatía con excusas religiosas. No podemos seguir diciendo "Dios está en control" mientras ignoramos que Él nos dio la responsabilidad de escoger. Dios está en control, sí. Pero también nos pedirá cuentas.

La historia nos observa. Nuestros hijos nos observarán. Y Dios nos observa.

América no caerá porque el enemigo sea fuerte, sino porque la Iglesia sea indiferente. No será destruida por la oscuridad, sino por la ausencia de luz. No será vencida por el pecado del mundo, sino por el silencio del pueblo de Dios.

Este capítulo no termina con un simple llamado a votar. Termina con un llamado a despertar. A asumir nuestra responsabilidad. A recuperar el terreno perdido. A recordar que Dios nos dio una voz, una conciencia y un deber.

Porque cuando el pueblo de Dios se levanta, la historia cambia. Cuando el pueblo de Dios ora, el cielo responde. Y cuando el pueblo de Dios vota conforme a la justicia, la nación es preservada.

América aún puede ser restaurada. Pero solo si el pueblo de Dios decide actuar.

Capítulo Tres
Cultura de Odio

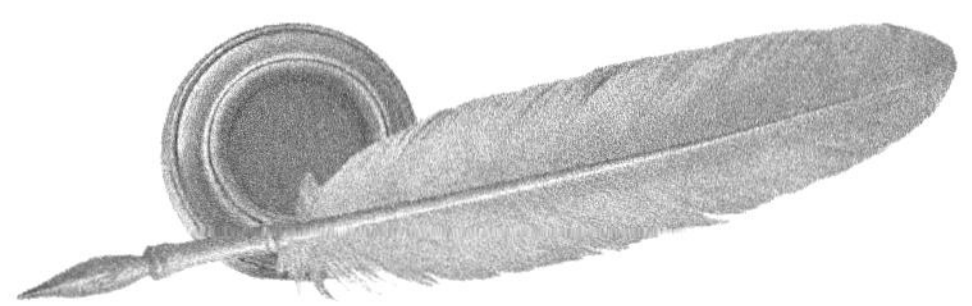

"Ha llegado el momento de que los cristianos voten por hombres honestos y tomen un terreno consecuente en la política o el Señor los maldecirá... Los cristianos han sido extremadamente culpables en este asunto. Pero ha llegado el momento en que deben actuar de manera diferente... Dios bendecirá o maldecirá a esta nación, de acuerdo con el curso que los cristianos tomen."

Rev. Charles G. Finney (1792–1875) Revivalista del Segundo y Tercer Gran Despertar, Presidente Universitario

Mientras observaba las elecciones presidenciales del 2016, tan reñidas y cargadas de tensión, me horrorizaba lo que escuchaban mis oídos día tras día. Me parecía increíble ver hasta dónde habíamos caído como nación en los medios de comunicación. Creo firmemente que fueron las elecciones más maliciosas que he presenciado en toda mi vida. Me preguntaba cómo habíamos sucumbido tan profundamente, perdiendo sin remordimiento los valores que antes nos distinguían y la moral social que tantas naciones admiraban.

Me avergonzaba pensar que Estados Unidos se había convertido en el hazmerreír del mundo. Me dolía en lo más profundo reconocer la ironía: de ser una nación poderosa, respetada e imitada, habíamos pasado a ser lo contrario. Al ver la televisión, no podía creer los anuncios pagados únicamente para desacreditar a los contrincantes, tratándolos como enemigos mortales. Observaba cómo se desmoralizaban unos a otros sin compasión, pagando las consecuencias no solo ellos, sino también sus familias.

Me preguntaba: **¿Por qué no enfocarse en el bien que cada uno desea para la nación, en lugar de destruirse con insultos, acusaciones y calumnias?** Pero lo peor es que a eso le llamamos "política", participando sin reparos en difamación, manipulación y engaño.

Me asombraban las palabras hirientes, ofensivas y llenas de odio que se lanzaban unos a otros. Sembraban en el corazón de los estadounidenses recelo, sospecha, antipatía y falta de respeto. Veía cómo uno de los candidatos se escondía detrás de una máscara de aparente interés por la nación, pero al investigar su vida para tomar mi decisión, me sorprendía la cantidad de injusticias cometidas y cómo la justicia ella parecía burlarse ante sus acciones. Incluso vidas americanas se perdieron por su irresponsabilidad, mientras esa persona disfrutaba de su familia bajo inmunidad.

Por otro lado, observaba cómo el otro candidato era atacado por su fuerte personalidad. Antes de postularse, muchos lo admiraban por ser una celebridad adinerada. Pero una vez reveló su agenda conservadora, inmediatamente se ganó miles de enemigos que hasta hoy le han hecho la vida imposible. No podemos negar que su forma de expresarse a veces incomodaba, pero con el tiempo uno nota que no es el monstruo que muchos quieren presentar. Si miramos la Biblia, Dios usó a un rey pagano llamado Ciro, y aun así lo llamó: **"Mi siervo Ciro."** ¿Quiénes somos nosotros para juzgar solo por apariencias?

Me sorprendía ver cómo errores del pasado eran usados como armas para destruir candidaturas. Los candidatos eran objeto de burla, desprecio y escarnio, y hasta sus hijos menores eran ridiculizados públicamente por los medios, y el asesinato de carácter, ese monstruo gigantesco que se encarga de empañar reputaciones. Estas elecciones fueron, sin duda, las más maliciosas que he visto. Y por eso, precisamente, nunca me ha gustado la política. Lo peor es que las masas eran confundidas, sin saber por quién votar, porque hacía falta un liderazgo sólido en la nación.

Lo más sorprendente era ver cómo la clase alta, educadores, profesionales, cristianos y personas que se consideran "cultas" caían en manipulación mental por la influencia que los rodeaba. Sin darse cuenta, eran arrastrados por un espíritu de rechazo, amargura y odio, cayendo en la trampa de la división y la contienda.

En el 2016, familias enteras se dividieron por la política. Organizaciones se desmoronaron bajo presión. El odio se sembró en niños que ni siquiera entendían lo que ocurría, pero eran contaminados por las discusiones de los adultos. De tan "inteligentes" que somos como nación, nos convertimos en títeres de las corrientes masivas, arrastrados por sutilezas y palabras huecas que no aprovechan para nada.

Pensé que habíamos aprendido la lección del 2016, pero no fue así. En cada elección repetimos el mismo patrón, pero en niveles más profundos, con más violencia, más odio y más intolerancia. Hoy, si alguien nota que piensas diferente, puedes convertirte en su peor enemigo. El odio ha polarizado a nuestra nación a tal grado que muchos ya no pueden ver nada positivo en quienes no comparten su ideología. Y lo más triste es que los adultos estamos modelando esta conducta, mientras nuestros jóvenes y niños la imitan.

Los medios sociales no informan con claridad; ocultan verdades según sus preferencias políticas y destruyen reputaciones sin piedad. ¿Cómo llegamos a este punto como sociedad, donde solo se respetan los derechos de quienes piensan igual?

Si observamos la historia, veremos que esto no es nuevo. Antes se hacía en secreto, pero hoy la desfachatez es tan grande que ya ni se ocultan. Se enorgullecen de sembrar odio e indiferencia, incluso en las mentes de los niños.

Nos preguntamos: **¿Cuándo perdimos el sentido común?** La respuesta es sencilla: cuando sacamos a Dios de las esferas más importantes de la sociedad, especialmente de la educación pública.

Antes, nuestros niños eran educados con principios que les enseñaban a respetar a sus padres, a la autoridad y a Dios. Hoy, la falta de respeto es alarmante.

Benjamín Rush, firmante de la Declaración de Independencia y uno de los principales impulsores de las escuelas públicas, entendía que la educación sin la Biblia era educación incompleta. Hoy, nada se parece a lo que él soñó.

Su visión era clara:

Una nación sin educación moral y bíblica está destinada al colapso.

Y eso es exactamente lo que estamos viendo.

La Biblia dice:

"El principio de la sabiduría es el temor de Jehová." (Proverbios 1:7)

Cuando no permitimos que la sabiduría de Dios guíe nuestras mentes, damos lugar a la necedad. Salmos 53 lo confirma: **"Dice el necio en su corazón: No hay Dios."**

No podemos sembrar odio, sospecha y falta de respeto y esperar resultados positivos. Muchos cristianos han caído en el control mental de los medios. En lugar de orar, investigar y buscar dirección del Espíritu Santo, se dejan llevar por su partido favorito, sin considerar las implicaciones espirituales ni preguntarse: **¿Qué dice Dios al respecto?**

Hoy vivimos un cristianismo diluido, moldeado a conveniencia, que no se parece en nada al diseño original de Dios. Dios no cambia. Sus principios no cambian. Lo que Él aborrecía hace miles de años, lo sigue aborreciendo hoy.

Isaías 55:6-8 nos llama con urgencia:

"Buscad a Jehová mientras puede ser hallado..."

Mis ojos se llenan de lágrimas al reconocer cuánto le hemos fallado a Dios, aun los que llevamos Su nombre. Si somos sinceros, veremos que tenemos una generación espiritualmente raquítica, confundida, engañada y sin conocer el poder de Dios. Una generación que ha creado su propio "dios", uno permisible, moldeado a su antojo, sin santidad ni temor reverente.

Entonces, ¿cómo volvemos al sentido común? ¿Cómo recuperamos la autoridad perdida? ¿Cómo volvemos a influenciar al mundo como Dios quiso desde el principio?

La respuesta es simple y profunda:

Volviendo a los fundamentos. Volviendo al temor de Dios. Volviendo a la Palabra infalible.

Usted y yo debemos tomar una decisión. La primera opción es permitir que los medios y las masas controlen nuestra mente y la de nuestros hijos, sacando a Dios de nuestros corazones. La segunda opción es levantarnos, luchar por nuestra familia y dejar un legado digno de la vocación con la que el Señor nos ha llamado.

Espero que escoja la segunda.

Amado lector, hemos llegado al punto donde ya no podemos seguir pretendiendo que "todo está bien". No lo está. Y lo más alarmante es que muchos, aun dentro del pueblo de Dios, continúan caminando como si nada estuviera sucediendo, como si la decadencia moral, espiritual y social que nos rodea fuera simplemente "parte de la vida moderna".

No. Esto no es normal. Esto no es progreso. Esto no es evolución social. Esto es **colapso espiritual**.

Una nación no cae de la noche a la mañana. Una generación no se corrompe de repente. Un pueblo no pierde el sentido común por accidente.

Todo comienza cuando se saca a Dios del centro. Cuando se reemplaza Su Palabra por ideologías humanas. Cuando se cambia la verdad por la opinión. Cuando se sustituye la santidad por la conveniencia. Cuando se abraza el pecado y se desprecia la corrección.

Y eso es exactamente lo que hemos hecho.

> Hemos criado una generación que no conoce a Dios porque nosotros mismos dejamos de enseñarlo. Hemos permitido que los medios eduquen a nuestros hijos mientras la Biblia acumula polvo. Hemos dejado que el odio se normalice, que la división se celebre, que la inmoralidad se aplauda y que la verdad se ridiculice. Y ahora nos preguntamos por qué estamos como estamos.

Pero aquí está la verdad que nadie quiere admitir:

La cultura de odio que vemos afuera es el reflejo de la tibieza que hemos permitido adentro.

No podemos seguir culpando al gobierno, a los partidos, a los medios o a la sociedad. La responsabilidad comienza en la casa. En la familia. En la Iglesia. En el corazón de cada creyente.

Dios no va a restaurar lo que nosotros mismos seguimos destruyendo con indiferencia. Dios no va a sanar lo que no estamos dispuestos a reconocer. Dios no va a intervenir mientras Su pueblo permanece callado, dividido y dormido.

> Ha llegado el momento de despertar.
> Ha llegado el momento de arrepentirnos.
> Ha llegado el momento de volver a la Palabra.

Ha llegado el momento de recuperar el terreno perdido.
Ha llegado el momento de dejar de ser espectadores
y convertirnos en protagonistas del
propósito de Dios para esta nación.
Porque si no lo hacemos nosotros, ¿quién lo hará?
Si no lo hacemos ahora, ¿cuándo?
Si no lo hacemos por nuestros hijos, ¿por quién?
La historia nos está observando.
El cielo nos está observando.
Y Dios nos pedirá cuentas.

Como mencioné, y ahora lo reitero, no es posible seguir sembrando odio y esperar cosechar paz. No podemos seguir sembrando indiferencia y esperar cosechar avivamiento. No podemos seguir sembrando silencio y esperar cosechar justicia.

El tiempo de actuar es ahora. El tiempo de volver a Dios es ahora. El momento de levantar la voz es ahora.

Porque si no lo hacemos, no solo perderemos una nación... **perderemos una generación entera, como ya estamos viéndolo.**

Y eso, amado lector, sería la tragedia más grande de todas.

Capítulo Cuatro

Los Fundadores: El Costo De La Libertad Que Disfrutas Hoy

Una de las características más admirables de los Estados Unidos de América es su espíritu acogedor. Durante generaciones, esta nación ha abierto sus puertas a millones de personas de todas partes del mundo. Hombres, mujeres y familias enteras han llegado buscando lo que se conoce como el "Sueño Americano": una vida mejor, oportunidades, libertad y prosperidad. Incluso los padres fundadores fueron inmigrantes. Salieron de Inglaterra huyendo de la persecución religiosa y buscando la libertad que les había sido arrebatada. Por eso, la mayoría de quienes vivimos hoy en esta nación —o nuestros ancestros— llegamos aquí con el mismo anhelo: una vida mejor.

Sin embargo, hoy existe un debate creciente. Muchos aseguran que historiadores modernos, influenciados por ideologías liberales, han intentado eliminar a Dios de la historia de Estados Unidos. Y tristemente, lo han logrado en gran parte. Han reescrito la historia, sembrando en la mente de nuestros niños un sentimiento antipatriótico y una visión distorsionada de nuestros orígenes. Lo más lamentable es que muchos han guardado silencio, esperando ingenuamente que "las cosas mejoren".

Una Nación Nacida como Refugio Religioso

Según la Biblioteca del Congreso, en su artículo *"Religión y Fundación de la República Americana"*, muchas de las colonias que formaron los Estados Unidos fueron establecidas por hombres y mujeres que huyeron de Europa para adorar a Dios libremente. Nueva Inglaterra, Nueva Jersey, Pensilvania y Maryland fueron concebidas como **"plantaciones de religión"**. La mayoría de los colonos no vino por motivos económicos, sino espirituales. Querían adorar a Dios conforme a su conciencia, sin la opresión de la Iglesia estatal. Incluso colonias como Virginia —planeadas inicialmente como empresas comerciales— fueron dirigidas por hombres que se consideraban "protestantes militantes", comprometidos con la prosperidad de la Iglesia. Pero esta verdad rara vez se enseña hoy.

La Historia que No Nos Cuentan

Cuando se habla de los peregrinos, casi siempre se menciona superficialmente el Día de Acción de Gracias, pero se omite la esencia de su misión. No se enseña que ellos tenían un propósito claro y definido: fundar una nación donde la libertad para adorar a Dios fuera la prioridad. Dios pudo haber escogido cualquier otro lugar para que comenzaran el plan que habían orado, diseñado y encomendado a Él; sin embargo, fue aquí, en América, donde soberanamente fijó Su mirada para bendecirla, prosperarla y traer la abundancia espiritual y material que hoy disfrutamos.

¿Que entre ellos también vinieron individuos que mancharon la historia? Por supuesto. Como en todo tiempo —ayer y hoy— el enemigo siempre intenta infiltrarse y sembrar destrucción. Pero no repitamos narrativas incompletas ni opiniones ajenas sin fundamento. Vaya a la fuente correcta, edúquese, investigue, y entonces forme su criterio. De lo contrario, será fácilmente engañado.

El documento original de los peregrinos lo declara sin ambigüedades:

"Para la gloria de Dios y el avance de la fe cristiana."

No hablaban de religión institucionalizada. Hablaban del evangelio de Jesucristo. Hablaban de una relación con Dios basada en la verdad bíblica.

Hoy, movimientos ateístas y liberales intentan desacreditar estas raíces. Pero la historia no puede ser borrada. Los documentos originales siguen ahí, testificando lo que realmente sucedió.

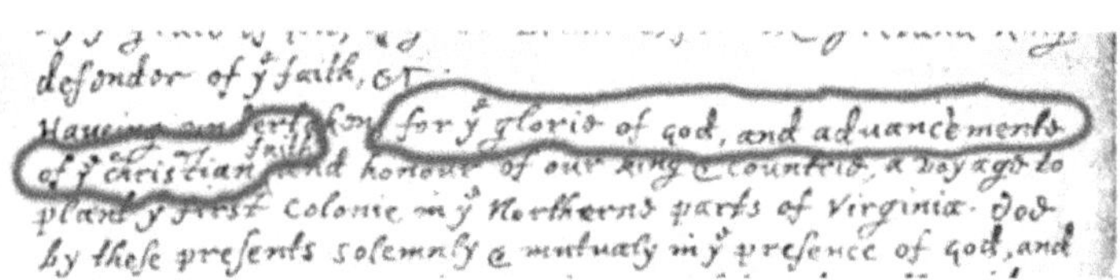

Texto del Acuerdo de Mayflower

En el nombre de Dios, amén. Nosotros, cuyos nombres están inscritos, los súbditos leales de nuestro temido soberano Señor, el Rey James, por la gracia de Dios, de Gran Bretaña, Francia e Irlanda, Rey, Defensor de la Fe, etc.

Habiendo emprendido, ***para la gloria de Dios, y el avance de la fe cristiana***, y el honor de nuestro Rey y nuestro país, un viaje para plantar la primera colonia en las partes del norte de Virginia, haga estos presentes solemne y mutuamente, en presencia de Dios, y los unos de los otros, pactamos y combinamos juntos en un cuerpo político civil, para nuestro mejor ordenamiento y preservación y promoción de los fines antes mencionados; y en virtud del presente para promulgar, constituir y enmarcar leyes, ordenanzas, actos, constituciones y oficios justos e iguales, de vez en cuando, que se considere más adecuado y conveniente para el bien general de la Colonia, a la que prometemos toda la debida sumisión y obediencia.

En testimonio de lo cual a continuación hemos suscrito nuestros nombres en Cape Cod, el once de noviembre [New Style, 21 de noviembre], en el año del reinado de nuestro Señor soberano, el Rey James, de Inglaterra, Francia e Irlanda, el dieciocho, y de Escocia el quincuagésimo cuarto. Anno Dom. 1620.

John Carver	Richard Clark	Francis Eaton	Richard Warren
William Brewster	Thomas English	Thomas Williams	Edward Tilly
John Alden	John Goodman	Peter Brown	Thomas Rogers
William Mullins	William Bradford	Richard Gardiner	Edward Fuller
John Craxton	Isaac Allerton	Edward Doten	Moses Fletcher
John Howland	Samuel Fuller	George Soule	Gilbert Winslow
John Tilly	William White	Edward Winslow	Richard Bitteridge
Thomas Tinker	John Billington	Miles Standish	John Allerton
John Turner	Steven Hopkins	Christopher Martin	Edward Liester
Digery Priest	Francis Cook	James Chilton	
Edmond Margeson	John Rigdale		

Creo que deberíamos estar agradecidos de que Dios haya escogido esta nación. No aplaudimos lo negativo, pero tampoco podemos ignorar las innumerables bendiciones que por cientos de años hemos disfrutado. No permitas que otros siembren en tu corazón odio hacia la tierra donde has sido tan bendecido. Todo lo contrario: procura la paz y la prosperidad de esta nación, para que tú y tu familia también vivan en paz.

Un Viaje Guiado por Dios

Antes de llegar a América, los peregrinos pasaron años en Holanda, preparándose espiritualmente. Estudiaron la Palabra, fortalecieron su fe y se entrenaron para establecer una nación fundada en principios bíblicos.

Intentaron varias veces salir, pero fracasaron. Fueron perseguidos, encarcelados, despreciados y despojados de todo. Pero no se rindieron.

Finalmente, su barco quedó a la deriva... y llegó exactamente al lugar donde Dios quería que llegaran. No fue casualidad. No fue suerte. Fue soberanía divina.

Dios los trajo a esta tierra para cumplir Su propósito.

Los Primeros Ministros y la Fundación del Gobierno

Cuando los peregrinos llegaron en 1606, entre ellos venían ministros cristianos como Robert Hunt, Richard Burke, William Memase, Alexander Whitaker y William Wickham. Estos hombres fueron fundamentales en la formación de la **House of Burgesses** en 1619, la primera asamblea legislativa de Virginia.

Contrario a lo que se enseña hoy, **eran los ministros de Dios quienes influenciaban las decisiones más importantes**. Ellos guiaban espiritualmente a la colonia. Ellos establecían principios morales. Ellos enseñaban la Palabra.

La historia de Estados Unidos está impregnada de fe cristiana desde sus cimientos.

El Verdadero Origen del Día de Acción de Gracias

Catherine Millard, en *"A Children's Companion Guide to American History"*, explica que, en 1623, después de la cosecha, el gobernador de Plymouth declaró:

> **"Congréguense para escuchar al pastor y dar gracias a Dios Todopoderoso por todas Sus bendiciones."**

Años después, el Congreso proclamó días nacionales de acción de gracias, reconociendo públicamente a Jesucristo como Salvador y pidiendo perdón por los pecados de la nación.

George Washington, en 1795, escribió:

> **"Es nuestro deber reconocer nuestras obligaciones al Dios Todopoderoso..."**

Abraham Lincoln, en 1863, declaró:

"Nos hemos olvidado de Dios... Nos hemos imaginado que nuestras bendiciones fueron producidas por nuestra propia sabiduría... Es apropiado que Dios sea reconocido solemnemente por todos los americanos."

¿Cómo es posible que hoy se diga que estos hombres no eran cristianos?

El Alto Precio de Tu Libertad

¿Tienes idea del costo real de la libertad que disfrutas hoy?

- Lágrimas
- Hambre
- Enfermedades
- Noches sin dormir
- Persecución
- Cárcel
- Guerras sangrientas
- Hombres y mujeres sacrificados
- Sangre inocente derramada

Todo para que tú y yo pudiéramos vivir en libertad.

Estados Unidos ha sido la única nación que ha mantenido la misma Constitución por más de 246 años. ¿Su secreto? **Fue fundada sobre principios bíblicos.**

Pero hoy vivimos en una era post-cristiana. Muchos han decidido darle la espalda a Dios. Y cuando una nación rechaza a Dios, Dios la entrega a las consecuencias de su propio camino.

La Educación: El Inicio del Declive

Las primeras universidades —Harvard, Princeton, Yale— fueron fundadas para enseñar la Biblia y preparar ministros. La educación estaba impregnada de principios cristianos. Los niños aprendían a leer con versículos bíblicos. La ciencia se enseñaba como evidencia de la creación divina.

Hoy, en cambio:

- Se enseña ocultismo
- Se promueve el satanismo
- Se normaliza la inmoralidad
- Se ridiculiza la fe
- Se adoctrina a los niños con ideologías destructivas

Y muchos padres permanecen en silencio.

Dios nos pedirá cuentas.

¿Cómo Llegamos Aquí?

Porque sacamos a Dios de:

- La escuela
- El gobierno
- La familia
- La cultura
- La conciencia

- El corazón

Y cuando Dios no es el centro, el caos toma Su lugar.

Un Clamor Urgente

¿Cómo se sentirá el corazón de Dios al vernos así?

Nos hemos dejado contaminar. Nos hemos dejado engañar. Nos hemos dejado adormecer.

Y mientras tanto:

- Nuestros hijos se pierden
- Nuestros jóvenes se suicidan
- Nuestros hogares se destruyen
- Nuestra nación se derrumba

¿Hasta cuándo?

Despierta, América

¡Despierta! ¡Despierta! ¡Despierta!

Sal del sueño de la indiferencia. Se trata de tus hijos. De tus nietos. De tu legado. De tu fe. De tu nación.

No permitas que otros gobiernen tu forma de pensar. No permitas que los medios eduquen a tus hijos. No permitas que la mentira destruya lo que Dios levantó.

Muchos hombres dieron su vida para que tú fueras libre. ¿Vas a dejar que esa libertad se pierda?

Estados Unidos va de mal en peor. Su caída como potencia mundial es inminente si no se arrepiente. Pero aún queda un remanente fiel. Aún hay esperanza... si la nación se humilla.

Acompáñame al próximo capítulo. Allí descubriremos si todavía hay un camino para la restauración de América.

Capítulo Cinco
Estados Unidos: La Gran Potencia Mundial

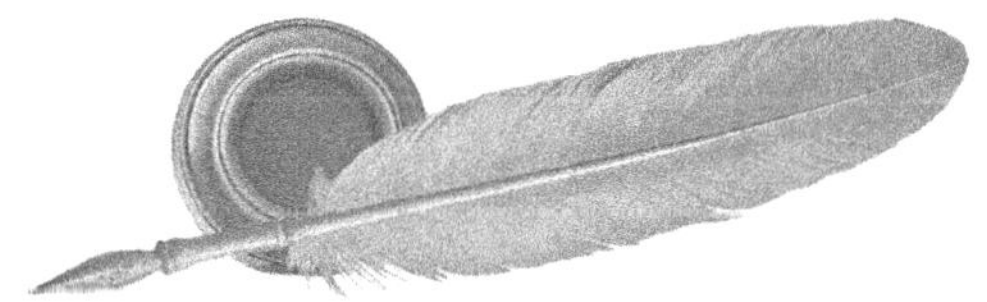

El Imperio Que Nació de la Providencia

Si estudiamos la historia de la humanidad, veremos que todo imperio atraviesa tres etapas que se desarrollan orgánicamente: **su nacimiento, su momento de gloria y su caída**. Estados Unidos no es la excepción. Esta nación tuvo un renacimiento extraordinario, una etapa de esplendor que la llevó a convertirse en la potencia más influyente del mundo. Pero ese ascenso no fue casualidad ni coincidencia: fue el resultado de principios, sacrificios y una profunda dependencia de Dios. Aunque hoy seguimos siendo influyentes, ya no se respeta como la potencia más grande, sino que el mismo declive moral la ha llevado a sucumbir.

Una Nación Nacida con Propósito Divino

Si alguna vez te has detenido a estudiar los documentos originales que dieron forma a esta nación, notarás que la mano de Dios está presente en cada línea. Estados Unidos no surgió por accidente; fue una cita divina con el Creador para preservar, influenciar y gobernar entre las naciones. Dios tenía un plan, y por eso escogió a hombres temerosos de Él para establecer los cimientos de esta tierra.

Para comprenderlo mejor, repasemos juntos la **Declaración de Independencia**, un documento que revela la esencia espiritual y moral que dio vida a esta nación.

La Declaración de Independencia: Un Acto de Fe y Valentía

Los fundadores no eran simples revolucionarios ideando maquinaciones políticas. Eran hombres convencidos de que Dios les había dado el derecho —y el deber— de establecer un gobierno justo, libre y basado en principios eternos.

En la Declaración de Independencia (4 de julio de 1776), encontramos afirmaciones que hoy aon consideradas para muchos como "políticamente incorrectas", pero que revelan la verdad de su fe:

- **"Todos los hombres son creados iguales."**
- **"Dotados por su Creador de derechos inalienables."**
- **"Apelando al Juez Supremo del mundo..."**

- **"Con absoluta confianza en la protección de la Divina Providencia..."**

Los fundadores reconocían que la libertad no era un regalo del rey, ni del gobierno, ni de los hombres. **La libertad venía de Dios.** Y estaban dispuestos a arriesgarlo todo —vida, hacienda y honor— para defenderla.

Dios Honra a los que Le Honran

Mientras más estudio este documento, más evidente se vuelve que Dios respaldó a estos hombres. Su intención era clara: fundar una nación que honrara a Dios y avanzara la fe cristiana. Por eso Dios los prosperó, los protegió y los levantó como una potencia mundial.

Pero la Palabra de Dios también advierte:

> *"Yo honraré a los que me honran, y los que me desprecian serán tenidos en poco."* (1 Samuel 2:30)

Estados Unidos fue honrada porque estos fundadores honraron a Dios. Pero si esta nación decide darle la espalda, Dios también permitirá que enfrente las consecuencias.

El Remanente que Sostiene la Nación

Creo firmemente que lo único que ha detenido la ira de Dios sobre esta nación es el **remanente fiel** que clama día y noche. De lo contrario, la historia sería muy diferente.

Pero, así como el remanente de Israel tuvo que presenciar el juicio de Dios sobre su nación, llegará el momento en que nosotros también veremos las consecuencias del pecado colectivo.

Monumentos que Hablan: La Fe Grabada en Piedra

En *La Biblia del Patriota Americano* (Dr. Richard G. Lee, 2009), se documentan monumentos en Washington D.C. que testifican la fe cristiana de esta nación. Aunque hoy muchos intentan borrar a Dios de la vida pública, las piedras siguen hablando.

Monumento a Washington

- En la cúspide está grabado: **"Laus Deo"** (Alabado sea Dios).
- En las paredes se leen frases como:
  - "Santidad al Señor"
  - "Escudriñad las Escrituras"
  - "Instruye al niño en su camino..."

El Capitolio

- Sobre la Cámara de Representantes: **"En Dios confiamos."**
- Relieve de Moisés entre los grandes legisladores.
- Pinturas del "Bautismo de Pocahontas" y "El Embarque de los Peregrinos".

- En la capilla del Capitolio: George Washington en oración bajo la frase **"Esta nación bajo Dios."**

La Corte Suprema

- Los Diez Mandamientos grabados en puertas, paredes y esculturas.

El Memorial de Jefferson

- "Dios que nos dio la vida nos dio la libertad."
- "Tiemblo por mi país cuando pienso que Dios es justo..."

El Memorial de Lincoln

- "Que esta nación, bajo Dios, tenga un nuevo nacimiento de libertad."

Estos monumentos no son decoración. Son testigos silenciosos de la fe que dio vida a esta nación.

La Educación: El Inicio del Declive

Durante los últimos 80 años aproximadamente, el sistema educativo ha tratado de eliminar sistemáticamente todo rastro de cristianismo. Los libros originales fueron reemplazados por versiones secularizadas. Los niños ya no aprenden la historia real. Y la Biblia —antes el fundamento de la educación— fue expulsada de las aulas.

Pero la Escritura lo advierte:

> *"El principio de la sabiduría es el temor de Jehová."* (Proverbios 1:7)

Mientras Estados Unidos buscó esa sabiduría, prosperó. Cuando la abandonó, comenzó su caída.

De la Miseria a la Prosperidad: El Renacimiento Americano

Hubo un tiempo en que Estados Unidos estuvo sumida en la pobreza y la desesperación. La Gran Depresión devastó la nación. Hombres ricos se quitaron la vida. El país estaba en ruinas.

Pero Dios levantó líderes que, aun en medio del caos, volvieron su corazón a Él. Y Dios respondió.

Después de la Segunda Guerra Mundial, Estados Unidos experimentó más prosperidad y avance que en los 400 años anteriores. Se convirtió en la nación más poderosa del planeta.

¿Por qué? Porque sus fundamentos eran sólidos. Porque honraba a Dios. Porque la fe era parte de su ADN.

¿Cómo Llegó a Ser la Gran Potencia Mundial?

Estados Unidos se convirtió en potencia porque:

- Honró a Dios

- Fundó sus leyes en principios bíblicos
- Valoró la libertad como un don divino
- Educó a sus hijos en la Palabra
- Reconoció la soberanía de Dios sobre la nación
- Tuvo líderes que temían a Dios
- Mantuvo un sentido de responsabilidad moral

Como dijo Winston Churchill: **"La responsabilidad es la clave de la grandeza".**

El Imperio en la Encrucijada

Todo imperio tiene tres etapas: **su nacimiento, su momento y su caída.**

Estados Unidos ya vivió su nacimiento. Ya vivió su momento. Y ahora está en la encrucijada que definirá su futuro.

Si esta nación continúa rechazando a Dios, su caída será inevitable. Pero si vuelve su corazón al Creador, aún podría experimentar misericordia.

La pregunta no es si Dios puede restaurar a Estados Unidos. La pregunta es: **¿Estados Unidos quiere ser restaurado?**

Estados Unidos llegó a ser la gran potencia mundial no por casualidad, sino porque honró a Dios. Sus cimientos fueron sólidos, su visión era clara y su dependencia del Creador era evidente en cada documento, cada monumento y cada decisión trascendental. Pero ahora, esta nación se encuentra en un punto crítico. Un punto donde los imperios deciden su destino. Un punto donde la historia se detiene... y observa.

Porque toda nación que se levanta sin Dios cae. Y toda nación que se levanta con Dios, pero luego lo abandona, cae aún más rápido.

Estados Unidos está en esa encrucijada. Entre la misericordia y el juicio. Entre la restauración y el colapso. Entre el arrepentimiento y la soberbia.

Y aunque aún queda un remanente fiel que sostiene esta nación con sus oraciones, la pregunta que retumba en el espíritu es inevitable:

¿Cuánto tiempo más podrá resistir una nación que ha olvidado al Dios que la levantó?

Los monumentos hablan. La historia habla. La Biblia habla. Pero ¿estamos escuchando?

El capítulo que viene no es uno más. Es un capítulo que confronta. Que desnuda la realidad espiritual. Que expone lo que muchos prefieren ignorar. Que revela por qué Estados Unidos está perdiendo lo que una vez la hizo grande.

Si el Capítulo 5 nos mostró **cómo** llegamos a ser una potencia mundial, el Capítulo 6 nos mostrará **por qué estamos dejando de serlo.**

Prepárate. Porque lo que viene no es cómodo, pero es necesario. No es suave, pero es verdad. No es político, es espiritual. No es opinión, es advertencia.

Y como toda advertencia de Dios, viene acompañada de una oportunidad.

Una oportunidad para despertar. Una oportunidad para arrepentirse. Una oportunidad para reconstruir. Una oportunidad para volver al fundamento.

Acompáñame al Capítulo 6. Allí veremos lo que sucede cuando una nación poderosa se aleja del Dios que la empoderó... y lo que aún puede suceder si decide regresar a Él.

Capítulo Seis

La Iglesia Silenciada:
El Peligro de Callar
en Tiempos de Crisis

El reverendo Martin Luther King Jr. expresó una verdad que atraviesa generaciones: **"Lo preocupante no es la perversidad de los malvados, sino la indiferencia de los buenos"**.

Esa frase es un espejo para nuestra nación… y para la Iglesia.

Durante décadas, historiadores modernos han intentado borrar a Dios de la historia de Estados Unidos. Han reescrito libros, distorsionado hechos y sembrado en la mente de nuestros niños un sentimiento anticristiano. Y lo más doloroso es que **la Iglesia ha guardado silencio**.

No solo hemos permitido que otros definan nuestra historia, sino que muchos dentro del cuerpo de Cristo han abrazado narrativas sin cuestionar su autenticidad. La indiferencia se ha convertido en un arma que el enemigo ha usado para avanzar sin resistencia.

La Indiferencia que Abre la Puerta al Mal

MLK no era un hombre perfecto —ninguno de nosotros lo es—, pero su lucha por la igualdad estaba profundamente arraigada en la Palabra de Dios. Su movimiento no se sostuvo por ideologías humanas, sino por convicciones espirituales.

Hoy, sin embargo, muchos quieren hacernos creer que los padres fundadores eran narcisistas sin interés en la igualdad. La verdad histórica demuestra lo contrario.

Desde el principio, muchos de ellos **intentaron abolir la esclavitud**, pero enfrentaron oposición. Aunque no pudieron lograrlo de inmediato, lo establecieron como una meta futura... y lucharon hasta alcanzarla.

No eran perfectos, pero sí visionarios. No eran dioses, pero sí hombres guiados por Dios.

Cuando la Iglesia Calla, Otros Hablan

Nuestros padres fundadores lucharon para que lo que ellos sufrieron bajo la monarquía jamás se repitiera en esta nueva nación. Ellos buscaban un gobierno donde:

- Ningún grupo dominará a los demás
- La libertad fuera protegida
- La justicia fuera imparcial
- Dios fuera honrado

Hoy, en cambio, vemos lo opuesto.

Hemos permitido que se desarrolle una cultura de odio tan profunda que ya no importa el bienestar del pueblo, sino la agenda de unos pocos. Quien no está de acuerdo es tratado como enemigo. Es la estrategia perfecta para silenciar a quienes piensan diferente.

Y la Iglesia, en lugar de ser luz, ha permanecido en silencio.

Mientras Dormimos, Otros Legislan

Mientras muchos creyentes duermen espiritualmente, legisladores trabajan día y noche para aprobar leyes que contradicen nuestros valores. Algunas propuestas han estado a un solo voto de:

- Prohibir libros cristianos
- Censurar mensajes religiosos
- Limitar la libertad de expresión
- Restringir la enseñanza bíblica

Lo que una vez hizo fuerte a esta nación —la fe, la Biblia, la libertad religiosa— es lo que hoy se quiere prohibir.

Presidentes del pasado fundaron sociedades bíblicas, financiaron misiones y promovieron la Palabra de Dios. Hoy, muchos líderes buscan silenciarla.

La Iglesia Intimidada y el Púlpito Amordazado

Tom Hughes lo expresó con claridad en su análisis histórico: La Iglesia estadounidense ha pasado de ser **la voz profética de la nación** a convertirse en una **iglesia estatal**, controlada por miedo, ignorancia o conveniencia.

Muchos pastores temen hablar:

- Por no perder miembros
- Por no ser criticados
- Por no ser "políticamente incorrectos"
- Por miedo a perder beneficios fiscales

Pero la verdad es esta:

Dios sí se interesa en la política. Porque la política determina leyes. Las leyes determinan la cultura. Y la cultura determina el corazón de una nación.

La política es simplemente un vehículo. El problema no es la política. El problema es quién la maneja.

Ignorancia que Cuesta Libertad

Muchos cristianos nunca han leído la Constitución. Nunca han estudiado la Carta de Derechos. Nunca han investigado sus libertades.

Por eso creen mentiras. Por eso se intimidan. Por eso guardan silencio.

La Primera Enmienda —resumida— garantiza:

- Libertad religiosa
- Libertad de expresión
- Libertad de prensa
- Libertad de reunión
- Libertad de petición

Los mismos "monstruos" que hoy se critican fueron quienes lucharon para que tú y yo disfrutemos estas libertades.

El Silencio No es Neutral: Es Complicidad

Cuando la Iglesia calla:

- La mentira avanza
- La injusticia se normaliza
- La verdad se debilita
- La libertad se erosiona
- El enemigo gana terreno

El silencio no es neutral. El silencio es complicidad.

Dios no nos llamó a ser espectadores. Nos llamó a ser luz. Nos llamó a ser sal. Nos llamó a ser voz. Nos llamó a ser atalayas.

La Iglesia silenciada es una Iglesia debilitada. Una Iglesia que calla es una Iglesia que se rinde. Una Iglesia que teme es una Iglesia que pierde autoridad. Una Iglesia que se acomoda es una Iglesia que se apaga.

Pero aún hay esperanza.

Dios siempre ha trabajado con remanentes. Con pequeños grupos de hombres y mujeres que se niegan a callar. Con corazones que arden por la verdad. Con voces que no se venden ni se intimidan.

Este es el momento de levantarnos. De recuperar nuestra voz. De defender la verdad. De enseñar a nuestros hijos. De orar... pero también actuar. De ser la Iglesia que Cristo llamó a ser.

> Porque si la Iglesia no habla, ¿quién hablará?
> Si la Iglesia no se levanta, ¿quién se levantará?
> Si la Iglesia no defiende la verdad, ¿quién lo hará?

El futuro de esta nación no depende de los políticos. Depende de la Iglesia. Depende de ti. Depende de mí. Depende de un pueblo que se atreva a decir:

"No callaremos."

Prepárate para el próximo capítulo. Porque lo que viene no solo revela el problema... sino el camino hacia la restauración.

Capítulo Siete
Cuando los Muros Caen:
El Precio de Abandonar
el Fundamento

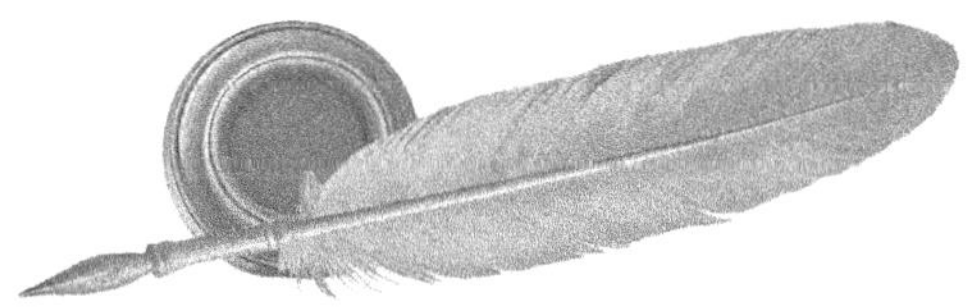

Una noche, Dios me mostró una visión. Caminaba por las calles de Estados Unidos, pero al mirar hacia el suelo, no había tierra firme. No había calles, ni estructuras, ni cimientos. Solo escombros, ruinas y pedazos de lo que alguna vez fue sólido. Saltaba entre restos quebrados, tratando de avanzar, pero no había bases que sostuvieran nada. Bajo mis pies solo había abismos, precipicios, vacío. Caminábamos como podíamos sobre los fragmentos que quedaban. En ese momento, el Espíritu Santo comenzó a ministrar a mi corazón y me dijo:

"Así están los fundamentos de esta nación."

Los fundamentos que una vez sostuvieron a Estados Unidos ya no están firmes. Han sido destruidos por las tormentas de la inmoralidad, el pecado, el humanismo, la contaminación espiritual, el silencio de la Iglesia y la indiferencia de quienes decimos amar a Dios. Solo quedan escombros.

Si el fundamento se echa a perder, todo se derrumba

La razón por la cual esta nación fue tan bendecida y empoderada fue porque sus cimientos estaban en la Palabra de Dios. La Biblia lo confirma una y otra vez: **cuando una nación reconoce al Dios de Israel, es bendecida.**

Los hombres que influyeron en la formación de este país amaban a Dios. Buscaban justicia, igualdad y verdad. Eran instrumentos escogidos para traer bendición. Pero cuando la Iglesia deja de influenciar con el evangelio, la sociedad pierde la esencia que la mantiene como luz en medio de la oscuridad.

Jesús dijo que somos **la luz del mundo** y **la sal de la tierra**. Pero si la luz no alumbra y la sal pierde su sabor, ¿para qué sirve?

Eso es lo que ha ocurrido en Estados Unidos. La influencia del cristianismo dejó de ser parte del gobierno, de la cultura, de la educación, de la moral pública. Y cuando la luz se apaga, la oscuridad avanza sin resistencia.

No podemos darle la espalda a Aquel que nos hizo prosperar y luego esperar más bendiciones. El hombre cree que puede tener éxito sin Dios, pero cuando le da la espalda, su vida —y su nación— pierde sentido y se encamina hacia la destrucción.

Muros Derribados, Sociedad en Ruinas

Los muros que sostenían nuestra sociedad han sido derribados. En la búsqueda desesperada de "felicidad", el hombre se ha olvidado del único que puede darla. En el afán de complacer a todos, se ha ido en contra de Dios, el único que puede dar vida y prosperidad.

Han despreciado al Autor de la vida. Han olvidado que Él creó todas las cosas y aún tiene el control. Han jugado a ser "dioses", pero solo han encontrado vacío, confusión y fracaso.

Y la Iglesia, contaminada por filosofías huecas, se ha vuelto fría, superficial, sin discernimiento. Una Iglesia que ya no sabe distinguir entre verdad y mentira. Una Iglesia llena de ideas humanas, pero vacía de la presencia de Dios.

EL ESPÍRITU DE INDOLENCIA

Si usted es parte del pueblo de Dios, escuche con atención: **la indolencia espiritual está destruyendo a la Iglesia.**

Dios me mostró que este espíritu ha paralizado a muchos creyentes. La indolencia es la raíz de la apatía, la pereza espiritual, la falta de compromiso, la indiferencia ante el dolor ajeno y la ausencia de pasión por las almas.

Jeremías 48:10 dice:

> ***"Maldito el que hiciere indolentemente***
> ***la obra de Jehová..."***

No se trata de ser teólogos. Se trata de entender verdades simples que transforman vidas, familias y generaciones.

Isaías 61:1 declara que el Espíritu del Señor está sobre nosotros para:

- predicar buenas nuevas,
- vendar corazones,
- liberar cautivos,
- abrir cárceles espirituales.

Dios ya nos dio el paquete completo. Nos dio Su Espíritu, Su Palabra y Su autoridad. Pero muchos no lo usan.

¿Por qué no vemos las victorias prometidas?

Si tenemos el Espíritu Santo, la Palabra y los recursos, ¿por qué no vemos los resultados?

Porque la indolencia ha adormecido a muchos:

- No evangelizan
- No oran
- No interceden
- No sienten carga por las almas
- No se comprometen

- No crecen espiritualmente
- No obedecen el llamado

Muchos se avergüenzan de decir que son cristianos. Otros viven años en la Iglesia sin madurar. Otros se conforman con asistir, pero no servir.

Y mientras tanto, el mundo se pierde.

Dios Confronta la Indolencia

Cuando clamé a Dios preguntándole por qué tantos cristianos permanecen estancados, Él me habló claramente:

"La indolencia ha entrado en Mi pueblo."

La indolencia:

- insensibiliza,
- adormece,
- paraliza,
- apaga la pasión,
- roba propósito,
- detiene el plan profético de Dios.

Muchos están tan cómodos en su sueño espiritual que no desean despertar.

El Mandato Sigue en Pie

Marcos 16:15-18 es claro:

"Id por todo el mundo y predicad el evangelio..."

No dice:

- "si tienes tiempo",
- "si te sientes preparado",
- "si no te critican",
- "si no te da vergüenza".

Dice: **ID.**

Y promete:

"Estas señales seguirán a los que creen..."

Las señales no siguen a los espectadores. Siguen a los obedientes.

El Mundo Predica... ¿Y la Iglesia?

Hoy miles de voces predican:

- inmoralidad,
- adulterio,
- fornicación,
- violencia,
- confusión,
- ideologías destructivas.

Mientras tanto, muchos cristianos se conforman con cantar dentro de cuatro paredes, engordando espiritualmente, pero sin impactar al mundo. El espíritu de indolencia ha silenciado a muchos. Y mientras callamos, el enemigo habla.

Erradicar la Indolencia: Una Urgencia Espiritual

Erradicar significa eliminar por completo algo dañino.

La indolencia:

- afecta tu vida,
- afecta tu familia,
- afecta tu iglesia,
- afecta tu nación.

Erradícala:

- con la Palabra,
- con oración,
- con obediencia,
- con arrepentimiento,
- con acción.

Confiesa tu pecado. Cierra puertas al enemigo. Renuncia a la pereza espiritual. Despierta.

Amado hermano, este es el momento de despertar. Sacúdete del sueño de la indiferencia. Renuncia al espíritu de indolencia que ha frenado tu crecimiento y tu llamado.

Dios te ha equipado. Dios te ha ungido. Dios te ha enviado.

No vivas para ti mismo. No te encierres en tu propio mundo. No ignores el dolor de quienes te rodean.

Comparte tu testimonio. Habla de lo que Dios ha hecho contigo. Extiende tu mano. Sé luz. Sé sal. Sé voz.

Dios no te dejará en vergüenza. Él respaldará cada paso de obediencia.

Porque cuando la Iglesia despierta, los muros vuelven a levantarse. Cuando la Iglesia actúa, la nación encuentra esperanza. Cuando la Iglesia se humilla, Dios sana la tierra.

Los muros, simbolicamente hablando, de esta nación han caído... la base fundamental que sostenía por tantos años esta nación, ...pero no todo está perdido.

Dios siempre comienza la restauración con un remanente. Y tú eres parte de ese remanente.

Los muros han caído. Los fundamentos están en ruinas. La nación que una vez brilló como faro de libertad ahora camina sobre escombros espirituales, morales y culturales. Y aunque esta realidad es dolorosa, no es el final.

Cada vez que Dios permite que los muros caigan, no es para destruir... es para **despertar**. Es para **sacudir**. Es para **llamar** a Su pueblo de regreso al fundamento que abandonó.

Porque cuando los muros caen, queda expuesto lo que realmente sostiene una nación. Y lo que sostiene a una nación no son sus edificios, ni su economía, ni su poder militar. Lo que sostiene a una nación es **su relación con Dios**.

Estados Unidos no cayó por falta de recursos. Cayó por falta de arrepentimiento. No cayó por falta de oportunidades. Cayó por falta de obediencia. No cayó por falta de bendición. Cayó por falta de fundamento.

Pero aquí está la verdad que el enemigo no quiere que entiendas:

Dios siempre comienza la restauración desde las ruinas.

Él no necesita muros intactos para levantar una nación. Él necesita corazones rendidos. Él no necesita estructuras perfectas. Él necesita un remanente dispuesto. Él no necesita multitudes. Él necesita uno que diga: "Heme aquí."

El Capítulo 7 nos mostró **cómo llegamos a este punto**. El Capítulo 8 nos mostrará **qué sucede cuando una nación abandona a Dios… y qué puede suceder si decide regresar.**

Porque, aunque los muros estén caídos, Dios sigue siendo Dios. Aunque la nación esté herida, Dios sigue siendo sanador. Aunque la Iglesia haya estado silenciada, Dios sigue llamando. Aunque el enemigo haya avanzado, Dios sigue teniendo la última palabra.

Prepárate para entrar al Capítulo 8. No es un capítulo para leer a la ligera. Es un capítulo para leer con el corazón abierto, con discernimiento, con valentía. Porque allí veremos **el precio real de abandonar el fundamento**, pero también la puerta que Dios aún mantiene abierta para la restauración.

Cuando los muros caen, comienza la verdad. Y cuando comienza la verdad, comienza el cambio.

Capítulo Ocho

Qué Nos Espera Como Nación

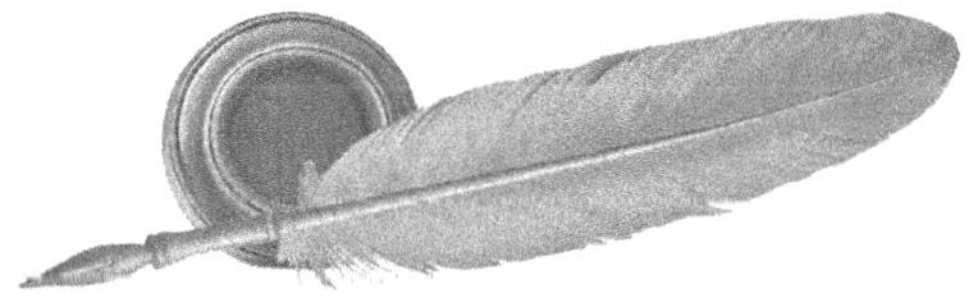

Ante todo, lo que hemos hablado, surge una pregunta inevitable: **¿Qué nos espera como nación?** No me gusta ser pesimista, pero debo ser honesta: **las cosas no mejorarán; irán de mal en peor.** Cuando Estados Unidos decidió darle la espalda a Dios y reemplazar los fundamentos que la sostenían por ideologías humanas, el resultado quedó sellado: **su caída es inevitable.** Algunos aún tenemos la fe de que Dios pudiera extender misericordia si esta nación se humillara como lo hicieron otras en la Biblia, desde el más pequeño hasta el más grande. Pero, siendo realistas, no parece ser el caso. Muchos en esta nación se han creído superiores incluso al mismo Dios.

Cuando los Fundamentos se Debilitan, la Caída es Cuestión de Tiempo

Si las bases de un edificio se debilitan y nadie las repara, su colapso no es una posibilidad... es una certeza. Eso es exactamente lo que ha ocurrido con Estados Unidos.

Hubo presidentes que se humillaron delante de Dios, como Roosevelt, quien proclamó días de ayuno y oración durante la Gran Depresión. Dios escuchó y restauró la nación. Pero hoy, en lugar de humillación, vemos soberbia. En lugar de arrepentimiento, vemos rebeldía. En lugar de la dependencia de Dios, vemos rechazo abierto.

La Decisión que Marcó un Antes y un Después

Una de las decisiones más desastrosas en la historia moderna fue eliminar la oración y la lectura bíblica de las escuelas públicas. Antes de eso, aunque la nación no era perfecta, aún quedaba reverencia, respeto y un sentido moral que se transmitía a las nuevas generaciones.

Las universidades más prestigiosas —Harvard, Yale, Princeton— fueron fundadas por evangelistas y pastores para preparar ministros del evangelio. Hoy, esas mismas instituciones rechazan los principios que les dieron origen.

En 1962, en el caso *Engel v. Vitale*, la Corte Suprema declaró inconstitucional una oración simple que se recitaba en las escuelas:

"Dios todopoderoso, reconocemos nuestra dependencia de ti, y te pedimos tus bendiciones sobre nosotros, nuestros padres, nuestros maestros y nuestro país. Amén."

Rechazaron la bendición diaria del Dios que había prosperado esta nación. Le dijeron: **"No te necesitamos."**

Y desde ese día, los muros comenzaron a caer.

El Efecto Dominó

Al año siguiente, se prohibió la lectura devocional de la Biblia en las escuelas. Aunque técnicamente aún es legal que un estudiante lleve su Biblia, ore o comparta su fe, la intimidación ha hecho que muchos crean lo contrario.

Cada decisión contraria a los principios bíblicos debilitó un muro. Cada ley que rechazaba a Dios derribaba otro. Cada intento por silenciar el nombre de Jesús en espacios públicos abrió una grieta más profunda.

Hoy, solo quedan escombros.

Las Estadísticas Hablan por Sí Solas

No tenemos tiempo para analizarlas todas aquí, pero basta con investigar para ver cómo:

- aumentaron los suicidios,
- se disparó la violencia,
- se multiplicó la inmoralidad,

- se deterioró la familia,
- se perdió el respeto por la autoridad,
- se incrementó la delincuencia juvenil,
- se debilitó la salud mental,
- se desmoronó la educación,
- se multiplicaron las adicciones,
- se normalizó la corrupción.

Todo esto comenzó **cuando Estados Unidos expulsó a Dios de sus escuelas y de su vida pública**.

Los Presidentes Sabían el Secreto

Muchos líderes de otras naciones venían a estudiar por qué Estados Unidos había prosperado tanto. La respuesta siempre era la misma: **sus raíces estaban en la Biblia.**

El presidente Eisenhower lo expresó así:

- **"Sin Dios, no podría haber una forma de gobierno estadounidense."**
- **"La dignidad del hombre tiene sus raíces en una fe profundamente arraigada en Dios."**
- **"La libertad del ciudadano y la libertad del creyente son mutuamente dependientes."**

Incluso advirtió sobre el "efecto dominó": cuando un muro cae, los demás le siguen.

Eso es exactamente lo que ha ocurrido con esta nación.

Una Advertencia que el Congreso Ignoró

Después de la masacre de Columbine, Darryl Scott —padre de una de las víctimas— testificó ante el Congreso:

> **"Ustedes han arrancado nuestra herencia. Consideran ilegal una simple oración. Y ahora preguntan '¿por qué?' Lo que necesitamos es a Dios."**

Pero no escucharon.

Y hoy seguimos pagando el precio.

¿Dónde está Estados Unidos en la Profecía Bíblica?

En ninguna parte aparece como potencia mundial. Eso significa que, para el tiempo del cumplimiento profético final, Estados Unidos ya no será la nación influyente que fue. Será un país debilitado, irrelevante o devastado.

La caída es inminente.

Estados Unidos ha debilitado sus muros, erosionado sus fundamentos y apagado la luz que una vez la distinguió entre las naciones. Pero, aunque esta realidad es dolorosa, no es el final.

Cada vez que Dios permite que los muros caigan, no es para destruir... es para **despertar**. Es para **sacudir**. Es para **llamar** a Su pueblo de regreso al fundamento que abandonó.

Porque cuando los muros caen, queda expuesto lo que realmente sostiene una nación: **su relación con Dios.**

El Capítulo 8 nos mostró cómo llegamos hasta aquí. El Capítulo 9 nos mostrará **qué se espera de la Iglesia en tiempos de crisis.**

Porque, aunque la nación haya decidido darle la espalda a Dios, **la Iglesia aún tiene una responsabilidad. Aún tiene una misión. Aún tiene una voz. Aún tiene un llamado.**

Prepárate para entrar al Capítulo 9. Allí descubriremos que, aunque los muros de la nación estén en ruinas, **los muros espirituales aún pueden levantarse.**

Vamos al próximo capítulo. Dios tiene algo más que decir.

CAPÍTULO NUEVE
AVIVAMIENTO

Hace años, cuando se hablaba del "nuevo orden mundial" o del "gran reseteo", muchos se aterrorizaban. Otros se burlaban, diciendo que era una conspiración absurda. Algunos aseguraban que jamás podría suceder algo así. Pero hoy, ya no es un tabú. Hoy se habla de ello abiertamente, con orgullo, como si fuera un avance inevitable. Y lo más alarmante es que **ya comenzó**, aunque la mayoría no se ha dado cuenta. Lamentablemente, no tenemos espacio para desglosar cada detalle, pero sí puedo decirte algo con absoluta certeza: **si amas a Dios y permaneces fiel, no tienes por qué temer.** Todo lo que está ocurriendo es exactamente lo que Dios dijo que sucedería, no temas, pero sí preparate y alerta a tu familia antes de que sea muy tarde. No permitas que el sistema los ciegue y les quite del corazón lo que con lágrimas tú has sembrado.

Un Arrepentimiento que Ya No Es Arrepentimiento

Muchos citan el famoso pasaje: **"Si se humillare mi pueblo..."** Pero ya no lo hacemos con llanto, clamor ni quebrantamiento. Lo repetimos como un eslogan automático, sin dolor, sin convicción, sin arrepentimiento genuino.

El arrepentimiento verdadero es lo que hizo Nehemías: un llanto inconsolable, una convicción profunda, un deseo desesperado de arreglar cuentas con Dios. Ese tipo de arrepentimiento es el que transforma naciones. Ese tipo de arrepentimiento es el que detiene juicios. Ese tipo de arrepentimiento es el que trae avivamiento.

Pero hoy, muchos quieren bendición sin obediencia, promesas sin compromiso, restauración sin rendición. lamentablemente lo que en muchos lugares de masas lo que se llama avivamiento es puro entretenimiento y endosamiento de ídolos falsos, poniendo al hombre como el centro en vez de a Dios mismo.

Hemos creado a un dios conforme a "mi semejanza" en vez de nosotros conformarnos a su imagen y semejanza como Él nos ha creado. Hemos diseñado un dios individual para cada uno según nuestras concupiscencias del corazón.

AVIVAMIENTO

Una madrugada, mientras oraba por un gran avivamiento, quedé en ese estado entre el sueño y la vigilia. Allí, Dios me mostró una visión.

Vi una casa abandonada. Entrábamos y comenzábamos a limpiar escombros y ruinas. Mientras observaba desde la puerta, escuché con total claridad una voz que decía: *"William Fisher, utilizado grandemente en los 70."*

Desperté de inmediato. Comencé a investigar sobre él y encontré escritos suyos desde los años 50 hasta el 66. Al leerlos, la unción era tan intensa que mis lágrimas corrían sin detenerse. Sentía la gloria de Dios en cada línea. Y comprendí algo profundo: lo que este hombre escribió hace casi 70 años se está cumpliendo hoy, palabra por palabra.

No era un mensaje lleno de "nueva revelación" ni códigos para descifrar. No era un discurso profético presuntuoso ni un mensaje adornado para impresionar. Era el evangelio puro. Santidad. Arrepentimiento. Verdad. Un mensaje sencillo, sin artificios, pero impregnado de una unción tan sagrada que me llevó de rodillas al suelo. Eso es precisamente lo que nos falta hoy.

Dios sigue usando voces escondidas para despertar generaciones enteras.

El Clamor por Avivamiento

Mi corazón se rompe cada vez que pienso en el avivamiento que Dios desea derramar sobre esta nación. Siento dolores de parto espirituales. Agonizo en oración. Clamo por mi ciudad, por esta nación, por el mundo entero.

Los campos están blancos. La cosecha está madura. El cielo

está listo. Pero nosotros mismos estamos deteniendo la visitación de Dios.

No por falta de poder. No por falta de promesas. Sino por falta de **unidad, santidad, arrepentimiento y obediencia**.

Por Qué Satanás Odia el Avivamiento

Satanás teme el avivamiento porque sabe que cuando Dios visita una nación:

- los corazones se vuelven a Él,
- las leyes se alinean con la justicia,
- la sociedad se transforma,
- la educación cambia,
- la corrupción retrocede,
- la familia se restaura,
- la Iglesia despierta,
- la verdad resplandece.

Los grandes avivamientos de la historia —incluyendo los que dieron origen a esta nación— fueron los que impulsaron:

- la abolición de la esclavitud,
- la independencia,
- la justicia social,
- la reforma moral,
- la expansión del evangelio.

El avivamiento no depende de un hombre. Es un decreto o imperativo divino. Pero Dios responde al clamor de un pueblo humilde. El avivamiento ya comenzó pero no puede manifestarse en todo su esplendor hasta que el arrepentimiento de corazón toque los rozones.

La oración no produce el avivamiento. **La oración es el avivamiento.**

La Iglesia Contaminada por el Humanismo

Sin darnos cuenta, hemos sido arrastrados por las mentiras del enemigo. Nos hemos convertido en cristianos humanistas. Hemos desplazado a Dios del centro y nos hemos colocado nosotros mismos. Ya no importa lo que Dios piensa, sino lo que nosotros sentimos.

Queremos defender nuestros derechos mientras pisoteamos los de otros. Decimos amar a Dios, pero sembramos odio. Decimos obedecer Su Palabra, pero violamos Sus mandamientos. Decimos ser luz, pero vivimos en tinieblas.

Y lo peor: **hemos permitido que los medios formen nuestra conciencia.**

Nos han contaminado con:

- odio
- racismo
- intolerancia
- rebeldía
- falta de respeto a la autoridad

- división,
- orgullo
- arrogancia

¿Hasta dónde vamos a llegar? ¿Cómo puede Dios confiarle a esta generación el avivamiento más grande si estamos en esta condición?

Un Llamado Urgente a la Iglesia

Ministros, líderes, cristianos: **humillémonos delante de Dios.** Pidamos perdón por permitir que el odio nos divida. No seamos protagonistas de la violencia verbal, del racismo, del desprecio político. No importa si no pensamos igual. Respetemos. Amemos. Seamos el cambio que el mundo necesita ver.

Contagiemos a otros, pero no con odio... **con pasión por la presencia de Dios.**

Un Clamor Nacional

Declaremos este tiempo como el inicio de una visitación divina, sabemos que en muchos lugares el avivamiento está estallando en gloria y Dios está haciendo cosas maravillosas, sin embargo, en otros muchos lugares hay mucha resistencia. Que no nos importe quién quiera llevarse el crédito, lo importante es Él. Lo importante es que Dios se mueva y su presencia toque liberte, sane y transforme esta generación que se está levantando.

Nuestros niños, jóvenes y la nueva generación necesitan ver el poder de Dios. Necesitan un encuentro sobrenatural. Necesitan un avivamiento real.

Por eso, hago un llamado:

Únete al Toque de Queda Espiritual: Todos los días, de 12:00 a 1:00 PM, ora, intercede y clama por una visitación nacional, Necesitamos a Dios hoy más que nunca. Hágalo con su familia, congregación, amistades, o usted individualmente, pero clame. Si no puede escoger esta misma hora, entonces busca la hora más conveniente, pero hágalo, la oración es lo único que romperá el yugo, las cadenas, levantará y despertará el espíritu de los valientes que aún no han doblado sus rodillas a los baales.

El avivamiento comienza contigo. Comienza conmigo. Comienza con un corazón rendido.

Las profecías están cumplidas. El escenario mundial está listo. La oscuridad avanza. La nación se tambalea. La Iglesia está siendo sacudida. Y el cielo está observando.

Pero en medio de todo esto, Dios no ha dejado de hablar. No ha dejado de advertir. No ha dejado de llamar. No ha dejado de preparar a Su remanente.

Porque, aunque el mundo esté en caos, Dios sigue teniendo un plan. Y su plan incluye a su Iglesia, y nosotros somos parte de esa Iglesia. Afina tu oído para oír la voz de Dios y discernir cuál es su plan para tu vida.

Capítulo Diez

Cuando la Oscuridad Aumenta, la Luz Debe Brillar Más

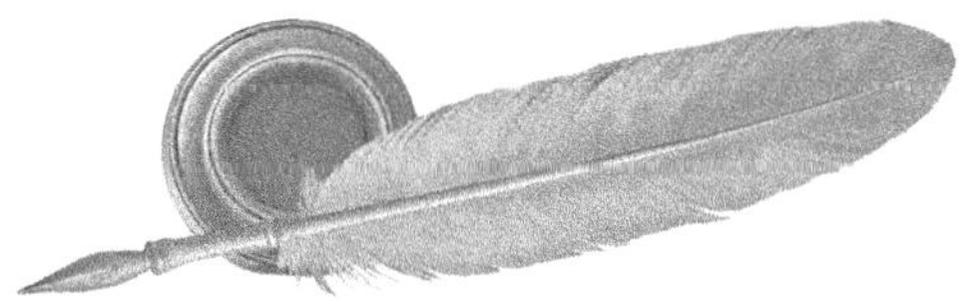

Vivimos en un tiempo donde la oscuridad ya no se esconde. Antes, el mal se disfrazaba, se ocultaba, se justificaba. Hoy, se celebra. Se promueve. Se legisla. Se aplaude.

Lo que antes era vergonzoso, hoy es orgullo. Lo que antes era pecado, hoy es identidad. Lo que antes era inmoral, hoy es "progreso". Lo que antes era peligroso, hoy es "libertad".

Y mientras la sociedad redefine la verdad, la Iglesia enfrenta la prueba más grande de su historia moderna: **¿seremos luz en medio de la oscuridad, o nos adaptaremos a ella?**

Una Generación Que No Conoce el Fundamento

La generación que hoy se levanta no conoce los fundamentos que sostuvieron esta nación. No conocen la historia real. No conocen la Palabra. No conocen la verdad. No conocen a Dios.

No porque no puedan conocerlo, sino porque **les hemos entregado un mundo sin fundamento**:

- Escuelas sin oración
- Familias sin altar
- Iglesias sin fuego
- Gobiernos sin temor de Dios
- Medios sin moral
- Cultura sin límites
- Corazones sin convicción

Y cuando una generación crece sin fundamento, crece sin dirección. Y cuando crece sin dirección, se convierte en presa fácil del engaño.

La Era de la Confusión

Hoy vivimos en la era de la confusión:

- Confusión de identidad
- Confusión de propósito
- Confusión de moral
- Confusión de autoridad
- Confusión de la verdad

La Biblia lo dijo claramente: **"En los últimos días, lo malo se llamará bueno y lo bueno se llamará malo."**

Ese tiempo ya no es futuro. Es presente.

Y mientras la confusión avanza, la Iglesia enfrenta una decisión: **¿seremos voz profética o eco cultural?**

La Iglesia en la Encrucijada

La Iglesia de hoy está en un punto crítico. No por falta de recursos. No por falta de tecnología. No por falta de plataformas. No por falta de templos.

Sino por falta de:

- Convicción
- Santidad
- Arrepentimiento
- Discernimiento
- Unidad
- Valor
- Fuego
- Obediencia

Hemos confundido actividad con avivamiento. Hemos confundido emoción con transformación. Hemos confundido multitudes con madurez. Hemos confundido programas con presencia.

Y mientras la Iglesia se entretiene, el enemigo avanza.

La Guerra No Es Política, Es Espiritual

Muchos creen que la batalla que enfrentamos es política. Pero la política es solo el reflejo de una guerra más profunda.

La verdadera batalla es:

- por el corazón de nuestros hijos,
- por la mente de nuestra juventud,
- por la moral de nuestra sociedad,
- por la verdad de la Palabra,
- por la libertad espiritual de la nación.

No es una guerra de partidos. Es una guerra de principados. No es una guerra de ideologías. Es una guerra de identidades. No es una guerra de leyes. Es una guerra de fundamentos.

El Remanente Que Dios Está Levantando

A pesar de la oscuridad, Dios siempre tiene un remanente. Un grupo pequeño, pero fiel. Un pueblo que no dobla rodillas ante la cultura. Un pueblo que no negocia la verdad. Un pueblo que no se vende. Un pueblo que no se calla. Un pueblo que no se rinde.

Ese remanente no es perfecto, pero es obediente. No es numeroso, pero es poderoso. No es famoso, pero es efectivo. No es aplaudido, pero es respaldado por el cielo. Y es precisamente a ese remanente al que Dios está llamando a levantarse.

Si puedes identificarte con ese remanente, entonces este libro es para ti. No hablo de religiosidad disfrazada de "santidad", sino de corazones rendidos por completo a Él, corazones que viven para agradarlo, escucharlo y obedecerlo sin reservas.

Un Llamado a la Iglesia de Hoy

Este capítulo no es para señalar. Es para despertar.

No es para condenar. Es para confrontar.

No es para asustar. Es para preparar.

Dios está llamando a Su Iglesia a:

- volver al altar,
- volver a la Palabra,
- volver al arrepentimiento,
- volver a la santidad,
- volver al servicio,
- volver al amor,
- volver al temor de Dios.

Porque el avivamiento no comienza en la Casa Blanca. Comienza en la casa del creyente. No comienza en el Congreso. Comienza en el corazón. No comienza en la cultura. Comienza en la Iglesia.

Mientras estaba en la iglesia un domingo de Super Bowl, viví algo que estremeció mi corazón. Estábamos adorando al Señor, preparando la atmósfera para exaltar Su nombre, cuando de pronto sentí al Espíritu Santo susurrarme con un profundo dolor:

"Hoy hay 'cristianos' más emocionados por el show del halftime que por Mi presencia."

Aquellas palabras me atravesaron. Sentí Su tristeza, Su llanto, Su desconsuelo. No tengo nada en contra de ningún artista —aunque muchos hayan entregado su alma al enemigo— porque sé que el poder de Dios puede alcanzarlos. Pero lo que no puedo comprender es cómo tantos creyentes se dejan engañar, cómo carecen del discernimiento para ver lo que está frente a sus ojos.

¿Cómo puede un cristiano apoyar a alguien que usa la bandera, el patriotismo o la cultura como disfraz para conducir multitudes hacia la oscuridad? ¿Cómo es posible que quienes se llaman "pueblo de Dios" aplaudan a ídolos humanos que se burlan de Jesús, que arrastran a nuestra juventud al precipicio, que pactan con las tinieblas para destruir generaciones? Lo más irónico es que conozco personas extremadamente estrictas en su "santidad exterior", formadas en reglas y apariencias, pero que al mismo tiempo celebran a estos ídolos modernos. Y cuando se les confronta, responden: "Es por la cultura." ¿En serio?, ¿Esa es la excusa?, ¿Esa es la justificación? Por eso estamos como estamos. ¿No dicen las Escrituras:

"No participéis de las obras infructuosas de las tinieblas, sino más bien reprendedlas"? (Efesios 5:11).

¿O acaso esa parte de la Biblia no aplica a la "santidad" que muchos dicen defender?

¿Aplicamos la Palabra solo cuando nos conviene y la ignoramos cuando confronta nuestros gustos?

Dios tenga misericordia de nosotros.

Despertemos, Iglesia, del sueño de la indiferencia. No te dejes engañar. No permitas que el mal influencie tu corazón ni entregues a tus hijos, a tus nietos y a la próxima generación en manos del enemigo simplemente porque alguien usa tu bandera, tu cultura o tu música como disfraz. **No entregues a tus hijos a Moloc, como hicieron los antiguos pueblos que se apartaron de Dios.** Guarda tu casa, guarda tu fe, guarda tu legado espiritual.

El Momento Es Ahora

No podemos esperar más. No podemos seguir dormidos. No podemos seguir indiferentes. No podemos seguir tibios. La oscuridad está avanzando. Pero la luz siempre vence a las tinieblas. Dios está buscando hombres y mujeres que digan:

"Aquí estoy, Señor. Úsame."

Porque cuando la oscuridad aumenta, **la luz debe brillar más.**

Capítulo Once

El Tiempo Profético:
Señales, Sacudimientos
y el Llamado Final

Vivimos en días donde las profecías dejaron de ser ecos distantes para convertirse en titulares. El reloj profético avanza sin detenerse. Lo que antes parecía imposible hoy se normaliza. Lo que antes se denunciaba como exageración hoy se legisla. Lo que antes se llamaba conspiración hoy se ejecuta como estrategia global. Lo que antes se predicaba como futuro hoy se respira como presente. Y aunque muchos no lo perciban, estamos atravesando un aceleramiento espiritual sin precedentes. Los días que vivimos no se sienten como los de antes. Las profecías que escuchábamos en los púlpitos ya no suenan lejanas; ahora aparecen en los titulares. Lo que antes parecía exagerado hoy se aprueba en leyes. Lo que antes se consideraba imposible hoy es parte de la rutina. Y mientras el mundo sigue su curso, yo no puedo ignorar la sensación de que algo se acelera.

Recuerdo cuando, hace casi veinte años, tuve una visión que me marcó profundamente. Vi aviones enemigos acercándose, escuché explosiones, sentí el olor del humo. Una voz del cielo me dio una fecha. No el año, pero sí el día y el mes. Me desperté confundida, incluso molesta. No entendía por qué Dios me mostraba algo así. Anoté lo que pude, aunque mi enojo me hizo perder detalles. Tiempo después, quebrantada, le pedí al Señor que me confirmara si aquello era real. Y Él lo hizo. Me mostró otra visión: un tren avanzando a gran velocidad, bombas cayendo a los lados, una pantalla con la noticia del ataque y el rostro del líder de una nación enemiga. No sé cuándo sucederá. Pero sé que Dios habló. Y sé que una nación que se aleja de Dios inevitablemente enfrentará consecuencias. Las Escrituras lo muestran una y otra vez. Aun así, para los que amamos al Señor, estas cosas no deben paralizarnos. Deben despertarnos.

Hoy más que nunca,
Dios está llamando
a Su pueblo a despertar.
No a temer, sino a discernir.
No a huir, sino a prepararse.
No a especular,
sino a vivir en santidad.

Las profecías no se nos
dieron para entretenernos,
sino para alertarnos.
No para crear pánico, sino para
producir arrepentimiento.
No para alimentar curiosidad,
sino para encender convicción.
El mundo se acelera, pero también
lo hace el propósito de Dios.
Las tinieblas avanzan,
pero la luz del Evangelio
resplandece con más fuerza.
El juicio se acerca,
pero también la redención.
A los que aman a Dios, este
no es un tiempo para dormir.
Es un tiempo para velar.
Para limpiar las lámparas.
Para levantar la mirada.
Para estar listos.
Porque el que prometió venir...
Ya Viene.

El Mundo Vs La Iglesia

1. El Mundo Está Cambiando Más Rápido de lo que la Iglesia Está Despertando

La velocidad con la que el mundo está cambiando es alarmante. Cada día trae una nueva agenda, una nueva ley, una nueva ideología, una nueva crisis, una nueva amenaza. Pero lo más preocupante no es la rapidez del cambio... sino la lentitud de la Iglesia para reaccionar. Mientras el mundo corre, la Iglesia camina. Mientras el enemigo avanza, la Iglesia observa. Mientras la oscuridad se organiza, la Iglesia se divide. Mientras el sistema se prepara, la Iglesia se distrae. Y, sin embargo, Dios sigue hablando. Sigue advirtiendo. Sigue llamando. Sigue despertando a Su remanente.

2. Las Señales Están Frente a Nosotros

Jesús dijo que habría señales claras antes del fin:

- guerras y rumores de guerras
- naciones levantándose contra naciones
- terremotos
- pestes
- falsos maestros
- aumento de la maldad
- amor enfriado
- persecución
- confusión
- engaño
- división
- oscuridad espiritual

No hace falta ser teólogo para ver que todo esto ya está aquí. Pero la señal más evidente no está en el mundo... está en la Iglesia. Jesús dijo: "Cuando vean estas cosas, levanten su cabeza." No dijo: "Entren en pánico." "Escondan su fe."

"Callen su voz." "Adáptense al sistema." Dijo: "Levanten su cabeza." Es decir: despierten, disciernan, prepárense, manténganse firmes.

3. El Sacudimiento No Es Castigo, Es Misericordia

Muchos ven los sacudimientos como juicio. Pero para los hijos de Dios, los sacudimientos son misericordia.

Dios sacude para:

- despertar
- purificar
- separar
- corregir
- alinear
- preparar
- fortalecer
- revelar
- restaurar

El sacudimiento no destruye al remanente. Lo despierta. Lo posiciona. Lo activa. El sacudimiento no es el fin. Es el principio de algo nuevo.

4. El Remanente Está Siendo Entrenado en Silencio

Dios está levantando un remanente que no busca plataformas, no busca aplausos, no busca fama, no busca reconocimiento. Es un remanente que ha sido procesado en:

- el desierto
- la soledad
- la oración
- el quebrantamiento
- la obediencia
- la intercesión
- la intimidad con Dios

Es un remanente que no se vende. No se intimida. No se contamina. No se acomoda. No se rinde. Es un remanente que entiende que **la batalla no es política, es espiritual**. Que **la guerra no es contra carne ni sangre**. Que **la victoria no viene de estrategias humanas, sino del Espíritu Santo**.

5. El Llamado Final: Preparar el Camino

Este capítulo no es para asustar. Es para preparar. No es para alarmar. Es para despertar. No es para dividir. Es para unir al remanente. Dios está llamando a Su Iglesia a:

- volver al altar
- volver a la Palabra
- volver al ayuno,
- volver a la intercesión,
- volver a la santidad
- volver a la obediencia
- volver al primer amor

Porque antes de que venga el juicio final, **vendrá un avivamiento final**. Un avivamiento que no será emocional, sino espiritual. No será superficial, sino profundo. No será local, sino global. No será de multitudes, sino de corazones rendidos.

Y Dios está buscando a quienes estén dispuestos a preparar el camino.

6. No Temas: Dios Está en Control

Aunque el mundo tiemble, aunque las naciones se sacudan, aunque la economía colapse, aunque la moral se derrumbe, aunque la oscuridad avance...

Dios sigue sentado en Su trono.

Él no ha perdido el control. Él no ha cambiado Su plan. Él no ha cancelado Sus promesas. Él no ha abandonado a Su pueblo.

Y Él está contigo.

Capítulo Doce

El Llamado Final: Prepararnos Para Lo Que Viene

El Llamado Final: Prepararnos para lo que Viene

Hemos llegado al capítulo final de este libro, y bajo ninguna circunstancia deseamos que usted entre en pánico con lo que estamos compartiendo. Simplemente estamos exponiendo verdades que, por muchos años, se han sabido, pero que hoy Dios vuelve a recordarnos con urgencia. Si después de leer este libro simplemente nos quedamos con las manos cruzadas, indiferentes, y no hacemos nada al respecto, simplemente hemos perdido el tiempo en leerlo. A lo largo de este libro hemos hablado de los muros caídos, de la decadencia moral, de la indiferencia de la Iglesia, del tiempo profético que estamos viviendo y del avivamiento que Dios desea derramar. Pero ahora llegamos al punto más importante de todo este mensaje:

- **¿Qué debemos hacer?**
- **¿Cómo nos preparamos?**
- **¿Qué espera Dios de nosotros en este tiempo final?**

Porque no basta con discernir la temporada. No basta con entender las señales. No basta con reconocer la oscuridad. No basta con lamentar la condición de la nación.

Dios no nos llamó a ser espectadores del caos. Nos llamó a ser **participantes de Su propósito**.

1. Volver al Altar: El Lugar Donde Todo Comienza

El altar no es un mueble. Es un estilo de vida. Es el lugar donde:

- se quiebra el orgullo
- se derrite la rebeldía
- se purifica el corazón
- se renueva la visión
- se recibe dirección
- se restaura la pasión
- se enciende el fuego

La Iglesia perdió poder cuando perdió el altar. La familia perdió unidad cuando perdió el altar. La nación perdió rumbo cuando perdió el altar. Si queremos ver avivamiento, debemos volver al altar. No a un altar emocional, sino a un altar **de entrega total**.

2. Volver a la Palabra: La Verdad que No Cambia

Vivimos en una generación que ha reemplazado la Biblia por:

- opiniones
- emociones
- ideologías
- redes sociales
- filosofías humanas

Pero la Palabra sigue siendo:

- la espada
- la lámpara
- el fundamento
- la brújula
- la voz de Dios

No podemos enfrentar un tiempo profético con una fe superficial. Necesitamos una fe **anclada en la Palabra**.

3. Volver a la Santidad: La Marca del Remanente

La santidad no es perfección. Es separación. Es obediencia. Es pureza de corazón. Es vivir para agradar a Dios, no a los hombres.

La Iglesia perdió autoridad cuando perdió santidad. El enemigo no teme a una Iglesia grande. Teme a una Iglesia **santa**.

4. Volver a la Intercesión: La Guerra que Cambia la Historia

La intercesión no es una oración bonita. Es una guerra espiritual. Es pararse en la brecha. Es llorar por los que no lloran. Es clamar por los que no claman. Es pelear por los que no saben pelear.

Dios siempre ha salvado naciones por causa de intercesores.

- Abraham intercedió por Sodoma.
- Moisés intercedió por Israel.
- Daniel intercedió por su pueblo.
- Nehemías intercedió por su nación.
- La Iglesia primitiva intercedió por Pedro.

Hoy, Dios busca intercesores que se atrevan a decir: **"Aquí estoy, Señor. Envíame a mí."**

5. Volver al Servicio: El Avivamiento No Es Espectáculo

- El avivamiento no es un evento.
  - Es una responsabilidad.
- No es para entretener a la Iglesia.
  - Es para movilizarla.
- No es para llenar templos.
  - Es para vaciar el infierno.

- No es para crear celebridades.
  - Es para levantar siervos.
- Dios no está buscando talento.
- Está buscando disponibilidad.

6. Volver al Primer Amor: La Llama que Nunca Debió Apagarse

El primer amor no es emoción. Es prioridad. Es entrega. Es pasión. Es obediencia. Es intimidad.

Jesús le dijo a la Iglesia de Éfeso: **"Has dejado tu primer amor."**

No dijo: "Lo perdiste." Dijo: "Lo dejaste."

Lo que se deja, se puede recuperar.

7. Prepararnos para el Sacudimiento y para la Gloria

El tiempo que viene será difícil. Pero también será glorioso para aquellos que obedecan a Dios y vivan guardando sus principios, mandamientos y estatutos.

Habrá:

- más oscuridad
- más confusión
- más persecución
- más engaño
- más división

Pero también habrá:

- más avivamiento
- más milagros
- más salvación
- más visitación
- más gloria

El mismo Dios que permitió el sacudimiento permitirá la restauración. El mismo Dios que permitió la caída de los muros, levantará muros nuevos. El mismo Dios que permitió la crisis desatará Su gloria.

Conclusión
El Remanente Que Cambiará La Historia

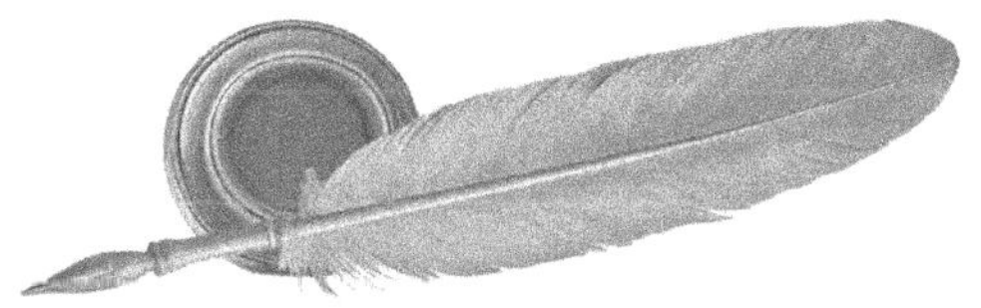

Este libro no es un análisis político. No es un comentario social. No es un estudio histórico. Es un **llamado profético**. Un grito del cielo. Una trompeta espiritual. Una advertencia divina. Un despertar urgente. Estados Unidos ha caído. Sus muros están en ruinas. Sus fundamentos están quebrados. Su moral está colapsando. Su identidad está siendo destruida. Pero Dios no ha terminado. Dios nunca termina con una nación mientras haya un remanente que clame. Mientras haya un pueblo que ore. Mientras haya una Iglesia que se humille. Mientras haya corazones que se rindan. Mientras haya rodillas que se doblen. Mientras haya voces que no se callen. Dios no necesita multitudes. Necesita un remanente. Y ese remanente eres tú. Ese remanente somos nosotros. Ese remanente es la Iglesia que no negocia la verdad. La Iglesia que no se vende. La Iglesia que no se rinde. La Iglesia que no se contamina. La Iglesia que no se acomoda. La Iglesia que no se avergüenza del evangelio.

Aunque muchos se han dejado contaminar, por otro lado Dios está levantando una generación que:

- esta reconstruyendo muros
- restaurarando fundamentos
- encendiendo altares
- despertando naciones
- preparando el camino del Señor

Porque lo que viene para muchos
será destrucción sin embargo,

Para el remanente...
Será **Gloria**.
No será derrota...
Es **avivamiento**.
No será silencio...
Es **voz profética**.
Lo que viene no será miedo...
Es **autoridad espiritual**.
Lo que viene no será oscuridad para la Iglesia...
Es **luz en medio de la oscuridad**.

Y así nos dice el Señor:

**"Levántate, resplandece, porque ha venido tu luz,
y la gloria de Jehová ha nacido sobre ti." Isaias 60:1**

Este es el tiempo.
Este es el llamado.
Este es el momento.

**No mires el caos. Mira la promesa.
No mires la caída. Mira la restauración.
No mires la oscuridad. Mira la gloria que viene.**
Porque, aunque la nación tiemble,
Dios sigue siendo Dios.
Y Él cumplirá Su propósito.

Oración Final Por La Nación

Oración por Estados Unidos en Tiempos de Crisis y Restauración

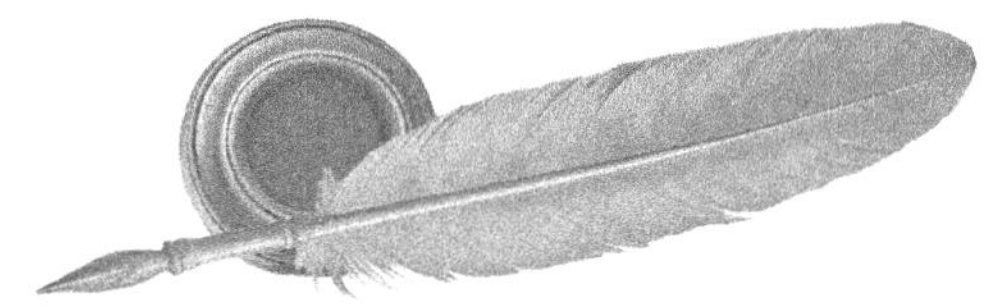

Padre Celestial,

Dios Todopoderoso, Creador de los cielos y de la tierra, reconocemos que eres el Juez Supremo del Universo. Hoy venimos delante de Ti como nación, como pueblo, como hijos tuyos, reconociendo que sin Ti nada somos y nada podemos hacer. **Señor, confesamos que esta nación se ha apartado de Tus caminos.** Hemos permitido que la injusticia del hombre —que delante de Ti es como trapo de inmundicia— gobierne, legisle y ejerza autoridad basada en leyes humanistas y no en Tu Palabra. Hemos sido crueles.

Nos hemos burlado de Tus preceptos y mandamientos, creyendo que eran rudimentos viejos, sin poder, obsoletos. Hemos levantado muros sin fundamento. Hemos reemplazado Tu verdad por opiniones humanas, y hemos permitido que la oscuridad avanzara mientras la Iglesia guardaba silencio.

Pero hoy, Padre, nos humillamos delante de Ti.
Clamamos por misericordia.
Clamamos por perdón.
Clamamos por restauración.
Declaramos que desde hoy nuestra vida jamás será igual.
Nos levantaremos y edificaremos.
Volveremos al primer amor, a las primeras obras, a la obediencia y a la santidad.

Señor, pedimos perdón por el Congreso, por el Senado, y por cada rama ejecutiva y autoridad que gobierna esta nación.

Confesamos los pecados de odio, desprecio, abusos, corrupción y deslealtad.
Perdona todas las atrocidades cometidas aun en nombre de la fe, de la justicia social y de los poderes que se nos han concedido.

Sana nuestra tierra.
Despierta a Tu Iglesia.
Enciende un avivamiento genuino.

Levanta un remanente lleno de fuego.

Abre los ojos de los que están ciegos.

Ablanda los corazones endurecidos.

Restaura los muros espirituales que fueron derribados.

Señor, derrama Tu Espíritu

sobre nuestros hijos,

sobre nuestros jóvenes,

sobre nuestras familias,

sobre nuestros líderes,

sobre nuestras ciudades,

sobre nuestras escuelas,

y sobre nuestros gobernantes.

Que la luz de Cristo vuelva a brillar en esta nación.

Que la verdad vuelva a ser verdad.

Que la justicia vuelva a ser justicia.

Que la santidad vuelva a ser santidad.

Que la Iglesia vuelva a ser Iglesia.

Padre, no permitas que el enemigo escriba el último capítulo de esta nación.

Escribe Tú la historia final.

Levanta Tu mano poderosa.

Haz lo que solo Tú puedes hacer.

Y mientras esperamos Tu intervención, haznos fieles,

valientes, obedientes y llenos del Espíritu Santo.

Hoy nos rendimos ante Ti, reconociendo que Tú reinas con poder.

Eres el Rey de reyes y Señor de señores.

Tu reino es sempiterno.

Aun los más poderosos de la tierra se inclinarán y te adorarán.

Por lo tanto, hoy nos postramos ante Ti y derramamos nuestras coronas delante de Tu hermosa y poderosa presencia.

Gracias por no olvidarte de nosotros.

Gracias por amarnos.

Gracias por redimirnos.

En el nombre de Jesús, el único Rey, el único Señor, el único Salvador, oramos.
Amén.

Epílogo Profético

Un Legado Para La Generación Que Viene

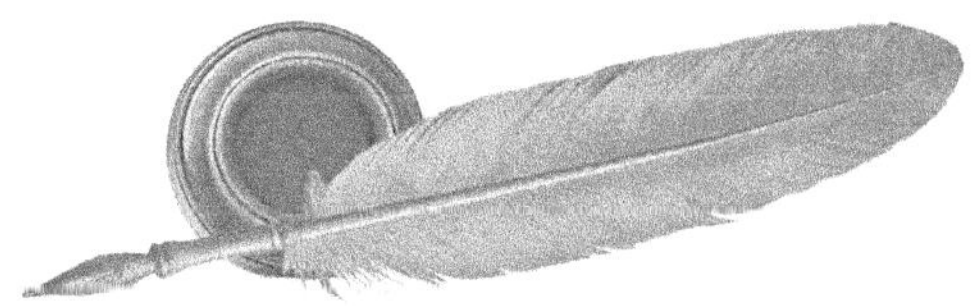

Amo de todo corazón esta nación que me acogió y donde he sido bendecida, fortalecida, preparada y formada. En esta tierra conocí al hombre con quien uní mi vida, y este año celebramos treinta y cinco años de matrimonio. Aquí nacieron mis cuatro tesoros, los regalos más hermosos que Dios nos concedió. Aquí obtuve mi primer empleo, y aquí he vivido las últimas décadas de mi vida.

Hace muchos años, cuando mis hijas eran pequeñas y las llevaba a la escuela cada mañana, viví una experiencia que marcó mi espíritu para siempre. Mientras manejaba, mis ojos quedaron fijos en la tablilla del vehículo que iba delante de mí. No era la primera vez que la veía —la veía todos los días

—, pero ese día no fue casualidad. Ese día Dios quería hablarme. Las tablillas de Massachusetts llevan inscritas las palabras *The Spirit of America*, y mientras las observaba, sentí al Espíritu Santo ministrarme con una mezcla de ternura y tristeza.

"¿Sabes por qué eso está ahí?", susurró a mi corazón. "Porque por aquí comenzó la nación americana. Por aquí entró el evangelio. Por aquí el Espíritu convencía de pecado, traía liberación y sanidad. Aquí comenzó la prosperidad espiritual del evangelio de Jesucristo."

Pero ¿Qué sucede si ese Espíritu se va? ¿Qué sucede si esta nación abre sus puertas a otros espíritus —a dioses falsos, a espíritus engañadores, al espíritu del enemigo? Entonces ya no será *el Espíritu de América* el Espíritu de Dios. Procuremos que el espíritu de esta nación siga siendo el Espíritu de Dios. Educa a tus hijos y a las próximas generaciones, porque si no conocen al Dios verdadero, crecerán sin identidad espiritual.

Esa mañana entendí que la batalla por una nación comienza en el corazón de las familias, en la formación de los hijos, en la transmisión del legado espiritual.

Y como si Dios quisiera afirmarlo aún más, días después viví otra experiencia que selló mi corazón. De regreso a casa, luego de dejar a mi hija en la escuela, pasé por un semáforo donde varios voluntarios hacían campaña política a favor de su candidato. Era pleno invierno; el frío cortaba la piel. Aun así, allí estaban ellos, firmes, con guantes, gorros y letreros en mano, defendiendo con pasión a quien representaba sus ideales. Mientras doblaba a la derecha, pensé: "¡Wow! Con este frío tan tremendo, y no les importa. Están aquí, fieles a su candidato, a esta hora de la mañana."

En ese instante escuché la voz del Espíritu Santo, suave pero cargada de tristeza:

"¿Y quién lo hará por Jesús? ¿Quién se pondrá de pie por Jesús? *Who's going to stand for Jesus?*"

Sentí Su llanto. Sentí Su dolor. Y comencé a llorar mientras manejaba. Ese susurro quebró algo dentro de mí y encendió una inquietud que me llevó a buscar Su presencia con más intensidad que nunca.

Por eso, precisamente porque amo profundamente esta nación, he obedecido la voz de Dios al escribir este libro. Lo escribí hace muchos años, pero no fue hasta ahora que Él me dijo: "Es tiempo."

Este libro no concluye aquí. Después de tantos años guardado, hoy Dios me permite publicarlo. Mi oración es que despierte en ti lo mismo que Él encendió en mi interior: un fuego que arde por un verdadero avivamiento, una pasión por Su presencia que me domina, una santa insatisfacción que no me permite conformarme con el estatus quo.

Porque Dios no ha terminado con esta nación, ni con Su Iglesia, ni contigo. Aunque en mi tiempo de vida considero que estamos atravesando la etapa más oscura de decadencia moral y espiritual, también creo que estamos viviendo el tiempo más glorioso para aquellos que abrazan Su Palabra, Sus principios y Sus estatutos. Es un tiempo donde la oscuridad avanza, sí, pero también un tiempo donde la luz de Dios resplandece con mayor intensidad, iluminando a quienes aún son sensibles a Su voz. Un tiempo donde los muros caen, pero también un tiempo donde Dios levanta reparadores de portillos. Un tiempo donde muchos se enfrían, pero también un tiempo donde Dios continúa despertando a Su remanente.

Este epílogo no es un cierre. Es una asignación. Es un llamado.

Dios está levantando hombres y mujeres que no se conformarán, que no se rendirán, que no se venderán, que no se callarán.

Hombres y mujeres que reconstruirán los muros espirituales de esta nación. Que restaurarán el altar. Que encenderán el avivamiento. Que prepararán el camino del Señor.

Y tú, lector, no estás aquí por casualidad. Dios te escogió para este tiempo. Para esta generación. Para esta batalla. Para este avivamiento.

Que este libro sea un recordatorio eterno de que, aunque los muros caigan, Dios siempre levanta un remanente que cambia la historia.

Aseguremos de ser parte de ese remanente.

Nota Del Autor
Edna L. Isaac

Escribir este libro ha sido uno de los procesos más desafiantes, transformadores y sagrados de mi vida. No nació de una idea intelectual, ni de un deseo personal, ni de una agenda humana. Nació de una **carga espiritual**, de noches de oración, de lágrimas derramadas por esta nación, de visiones que marcaron mi espíritu y de un llamado que no pude ignorar.

Cada capítulo fue escrito con temor reverente, con responsabilidad, con quebrantamiento y con la convicción profunda de que Dios aún habla, aún advierte, aún despierta y aún llama a Su pueblo a volver a Él. Han pasado muchos años en el proceso de escribirlo, y no escribí estas páginas para señalar, sino para **despertar**. No para condenar, sino para **confrontar con amor**. No para sembrar miedo, sino para **encender esperanza**. No para dividir, sino para **unir al**

remanente. No para exaltar una nación, sino para **exaltar al Dios que puede restaurarla**.

Mi deseo más profundo es que este libro te haya llevado a reflexionar, a examinar tu corazón, a mirar la condición espiritual de nuestra nación y, sobre todo, a escuchar la voz del Espíritu Santo en medio de estos tiempos turbulentos.

Si algo he aprendido mientras escribía estas páginas es que:

- Dios nunca abandona a Su pueblo
- Dios siempre tiene un remanente
- Dios siempre envía advertencias antes del juicio
- Dios siempre ofrece misericordia antes de la caída
- Dios siempre levanta voces cuando la oscuridad aumenta

Y tú, lector, eres parte de esa historia. Eres parte de ese remanente. Eres parte de ese llamado.

Mi oración es que estas palabras no se queden en tinta y papel, sino que se conviertan en **acción, intercesión, arrepentimiento, valentía y obediencia**. Que despierten en ti un fuego interior, el fuego del Espíritu Santo, ese mismo que habita en Jesús, durante su ministerio y hoy a través del Espíritu Santo en todo creyente que decide ser sensible a su voz. Que te impulsen a reconstruir los muros espirituales de tu vida, tu familia, tu iglesia y tu nación. Que te recuerden que, aunque los tiempos sean difíciles, **Dios sigue siendo Dios** y Su propósito no puede ser detenido.

Gracias por permitirme entrar en tu corazón a través de estas páginas. Gracias por caminar conmigo en este viaje espiritual. Gracias por ser parte de lo que Dios está haciendo en esta generación.

Con amor, reverencia y esperanza,

Edna L. Isaac

REFERENCIAS

Adams, J. (1776–1826). *The Adams Papers*. Massachusetts Historical Society.

American Memory Collection. (s.f.). *Library of Congress*. https://www.loc.gov

The Atlantic. (s.f.). Artículos sobre cultura contemporánea. https://www.theatlantic.com

Barna Group. (s.f.). *Faith & Culture Research*. https://www.barna.com

Beacon Bible Commentary. (1967). Beacon Hill Press.

Bible Society. (1960). *Santa Biblia, Reina-Valera 1960*. Sociedades Bíblicas Unidas.

Britannica, Encyclopaedia. (s.f.). *U.S. History*. https://www.britannica.com

Cambridge University Press. (s.f.). *Political Thought Series*.

Census Bureau, U.S. (s.f.). *Demographic and Social Data*. https://www.census.gov

Constitución de los Estados Unidos de América. (1787). National Archives.

Declaración de Independencia de los Estados Unidos. (1776). National Archives.

Diccionario Bíblico Holman. (s.f.). Holman Reference.

Federalist Papers (Hamilton, Madison & Jay). (1788). National Archives.

Federal Bureau of Investigation. (s.f.). *Uniform Crime Reports*. https://www.fbi.gov

Gallup. (s.f.). *Public Opinion Research*. https://www.gallup.com

Grudem, W. (1994). *Systematic Theology*. Zondervan.

Harvard Kennedy School. (s.f.). *Democracy & Governance Studies*.

Henry, M. (1706). *Commentary on the Whole Bible*.

History.com. . (s.f.). *U.S. Presidents & Founding Era*. https://www.history.com

John Adams Papers. (s.f.). Massachusetts Historical Society.

Library of Congress. (s.f.). *Government Documents*. https://www.loc.gov

Massachusetts Historical Society. (s.f.). *Founders' Documents*.

Moody Bible Commentary. (s.f.). Moody Publishers.

Mount Vernon Ladies' Association. (s.f.). *George Washington Papers.* https://www.mountvernon.org

National Archives and Records Administration (NARA). (s.f.). https://www.archives.gov

The New York Times. (s.f.). *Politics & Society.* https://www.nytimes.com

Oxford Research Encyclopedia. (s.f.). *American History.* Oxford University Press.

Orr, J. E. (1975). *The Rebirth of Revival.*

Pew Research Center. (s.f.). *Religion & Public Life.* https://www.pewresearch.org

RealClearPolitics. (s.f.). *Political Trends.* https://www.realclearpolitics.com

Ryrie, C. (1999). *Basic Theology.* Moody Publishers.

Smithsonian Institution. (s.f.). *American History Collections.*

Tozer, A. W. (1950). *The Pursuit of God.*

U.S. House of Representatives – Office of the Historian. (s.f.). https://history.house.gov

U.S. Senate Historical Office. (s.f.). https://www.senate.gov

Walvoord, J. F. (1974). *The Prophecy Knowledge Handbook.*

The Washington Post. (s.f.). *Politics & Culture.* https://www.washingtonpost.com

White House Historical Association. (s.f.). *Presidential History & White House Facts.* https://www.whitehousehistory.org